“金点子”创新成功秘诀

刘 佳 著

北京交通大学出版社

·北京·

内容简介

本书是发明创新教学内容的指导书。内容覆盖发明创新多个方面，主要包括：成功案例介绍、“金点子”创新成功路线图及其说明，以及发明创新经验总结、选题探讨和提出建议等。本书通过对发明创新教学内容深入浅出的介绍，提出了巧解春运乘车难和高楼救火逃生难等民生大难题，以及新式军民两用航母和带充气垫和滑翔伞的水陆起降两栖飞机等发明创新选题，有利于读者掌握发明创新的知识技能和提高其实践能力。

本书以大量案例通俗易懂地向读者传授发明创新的经验、办法和技巧，力求让读者以看趣味书的方式快乐学习创新并为读者寻找成功捷径。本书还可作为发明创新教学辅导教材及参考用书。

图书在版编目（CIP）数据

“金点子”创新成功秘诀／刘佳著. —北京：北京交通大学出版社，2013.2（2015.12 重印）

ISBN 978-7-5121-1390-9

Ⅰ.①金… Ⅱ.①刘… Ⅲ.①咨询学 Ⅳ.①C932

中国版本图书馆 CIP 数据核字（2013）第 027647 号

责任编辑：郭碧云　　特邀编辑：杜和平

出版发行：北京交通大学出版社　　电话：010-51686414

地　　址：北京市海淀区高梁桥斜街 44 号　　邮编：100044

印 刷 者：北京泽宇印刷有限公司

经　　销：全国新华书店

开　　本：170×235　　印张：10.25　　字数：139 千字

版　　次：2013 年 4 月第 1 版　　2015 年 12 月第 4 次印刷

书　　号：ISBN 978-7-5121-1390-9/C·140

印　　数：12 001 ～ 14 000 册　　定价：34.50 元

本书如有质量问题，请向北京交通大学出版社质监组反映。

投诉电话：010-51686043，51686008；E-mail：press@bjtu.edu.cn。

前　言

本书取名《“金点子”创新成功秘诀》，是因为作者具有多年大量创新成功的实践经验及经历，并获得多种荣誉证书和发明专利。

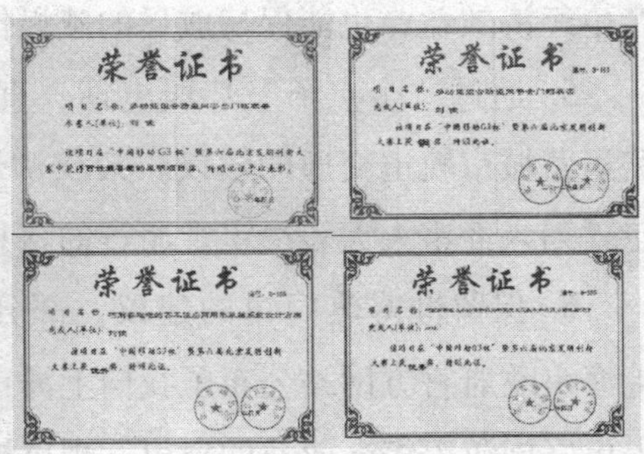

2012 年 4 月 9 日，在中国最具影响的发明创新比赛——第六届北京发明创新大赛（以下简称北京赛）颁奖会上，我以网民投票总数最多的成绩，荣获百姓最喜爱的发明奖、铜奖和两项优秀奖等四个奖项，创造了历届比赛一人同时获奖最多的新纪录。

经过 27 年的奋斗，我取得了以下成功业绩。

1. “多功能组合防盗网安全门晒衣架”荣获北京赛百姓最喜爱的发明奖和发明铜奖，该发明已获专利。

2. “巧解春运难的客车住房两用集装箱系统设计方案”荣获北京赛优秀发明奖，春运节假日做临时客车，乘客少时做住房，避免客车闲置。

3. “巧解高楼救火难的直升机吊升高楼火灾救生舱及灭火射水枪设计”荣获北京赛优秀发明奖，解决高楼救火的世界难题。

4. 发明新式航母——“军民两用超大船串联组装海上机动飞机场”设计，已获中国知识产权局初步审查合格，并在《专利公报》公布。中国船舶研究院主办的权威期刊《现代舰船》发表了我的新式航母设计创意。与美国所研究的浮岛式航母设计相比较，我的设计更高明，效果更好。美国设计的浮岛式航母也是用大船串联成机场，但其大船不能做商船。我所设计的新式航母，既能串联成机场，又能做商船营运，既产生经济效益，也能保持航母的威慑作用。

5. 通过“金点子”热线电话，直接向柳州市市长提出利用闲置铁路运营城市轨道交通的建议，荣获柳州市市长和有关部门好评并采纳，正式列入经市人大表决审批通过的《柳州市十二五规划纲要》。

6. 保留世博热门馆的建议，部分已采纳并入围国家发改委评奖。上海市政府官方网站公布了我向上海市领导提出的保留世博热门馆以取得更好旅游等综合效益的建议，现已被部分采纳。据已公示的上海世博后规划，我建议保留的世博热门馆中，已有沙特馆等原计划拆除的热门馆得以保留并向游客开放。国家发改委通知：该建议入围国家“十二五”规划建言献策评奖。

7. 指导学生申请重大发明专利：带充气垫和滑翔伞的水陆起降两栖飞机。

8. 引导学生提议，建立一小时免费公租自行车网络系统，荣获柳州市交通规划“问计于民”活动一等奖，成为政协提案并初步列入公交都市规划。

人人都渴望成功，但苦于找不到成功的捷径。“书山有路勤为径，学海无涯苦作舟”就是说成功是没有捷径可走的。马克思有句名言：

“在科学的道路上是没有平坦的大路可走的，只有在那崎岖小路上攀登的不畏劳苦的人们，才有希望到达光辉的顶点。”

古往今来，勇于攀登的人很多，但只有少数人能到达顶点。这就证明：要想成功，只靠勤学苦练是不够的。何以成功，唯有创新！创新是成功的阶梯，创新是人类发展和历史进步的动力和主旋律，成功者大都靠创新和出奇制胜脱颖而出。如果没有创新，做得再好也只是仿造别人的“盗版”。

新中国成立以来，几代领导人都很重视创新。毛泽东强调：“我们不能跟在外国人后面，一步一步爬行，我们应该有所发明，有所创新，有所前进。”邓小平强调：“掌握新技术，要善于学习，更要善于创新。”江泽民强调：“创新是一个民族进步的灵魂，是一个国家兴旺发达的不竭动力。一个没有创新能力的民族，难以屹立于世界先进民族之林。”胡锦涛强调：“要营造鼓励科技创新的社会氛围，大力倡导和弘扬崇尚创新、鼓励创新的精神。”

创新成功有没有秘诀？这里向大家讲讲钱学森先生和我握手并面授创新成功秘诀的故事。

那是 1985 年 1 月，刚出大学校门的我，意气风发，挥斥方遒。我写了篇论文，为了得到钱学森先生的指教，自费前去北京听钱学森先生作学术报告。报告结束，在钱学森先生临上车前，我大胆到他面前说：“钱老师您好！我是专门从广西赶来听您讲课的。”他和蔼可亲地和我握手，并笑眯眯地问：“你是壮族吗？”我回答：“不是，我是汉族。我写了篇论文，请您看看好吗？”他说：“好。我送你一句话：创新成功的秘诀是要大胆广开思路，从整体上研究和解决问题！”

钱学森先生这看似简单却抓住创新成功关键的秘诀，成为我的座右铭，指导我奋斗了二十七年，终于创新成功，于是决定编写这本通俗易懂的书向读者传授创新成功的经验、办法和技巧（柳州话讲就是“点章子”），力求为有志创新者提供帮助。

本书也是我实现成功目标的策划书和宣言书。我的目标是将本书写成通俗易懂的畅销书，力求让有兴趣的读者快乐学习创新，帮助读者寻找成为发明家的途径。

教育学界有种观点：发明创新只能培养不能教。理由是发明创新是种能力，不是知识和技术。我认为发明创新是可教的。发明创新是理论与实践相结合的技能，需要有正确的经验、方法和技巧，完全可以通过传授发明创新的经验、方法和技巧来教人们如何发明创新。就如同找到对的人，引领人们如何走对路和少走弯路。

我是大学兼职教师，打算到学校开办讲座，用实践证明发明创新是可教的。我还打算在继续磨炼提高以后，自荐到中央电视台“百家讲坛”和凤凰卫视“大讲堂”等高端讲坛演讲。

我希望通过本书早日实现上述巧解春运难、高楼救火难及造航母难等这些中国亟待解决的、关系国计民生的难题。让春运不再难，让高楼火灾能及时扑灭，让中国军民两用航母既能赚钱又能备战，让带充气垫和滑翔伞的水陆起降两栖飞机既可在水面起降又可在机场起降。期待志同道合者共同合作创新。联系电邮 807371696@ qq. com。

编者

2013 年 3 月

目录

"金点子"创新成功秘诀

第一章　作者的发明创新成功案例

一、荣获北京赛百姓最喜爱的发明项目奖和发明项目铜奖及实用新型专利的“多功能组合防盗网安全门晒衣架”

金杯银杯不如百姓口碑。以网民投票数最多的成绩获百姓最喜爱发明奖的“多功能组合防盗网安全门晒衣架”，可方便家庭晒衣及安全逃生，并具有很大的市场推广和发展潜力。

如下图所示，左图关门是防盗网；中图开门是晒衣架和安全通道；右图是女子家中遭遇火灾时，脱下睡衣作安全绳从阳台逃生。而这项发明，可利用预留安全绳安全逃生。

由此可见，这项专利在日常生活中很实用，既适用于新装防盗网又可用于已装防盗网改造。

在防盗网中能转动90°的安全网门兼晒衣架，通过合页和限位斜拉索链与固定防盗网连接，当安全网门兼晒衣架关门与防盗网在同一平面时，上锁起防盗网作用；当安全网门兼晒衣架开门转动90°时靠限位斜拉索链牵吊呈水平面则成为晒衣架，还可作为安全逃生窗口。住楼房的居民在遇到火灾时，可系上预备安全缆绳，抛出并抓住垂吊安全缆绳下滑自救逃生，达到防盗、晾晒衣被及安全逃生的目的。

非高层住房不安装防盗网非常不安全。2001 年柳州曾发生原地委副秘书长居某夫妻被杀惨案，据案犯交代因只有他一家没装防盗网，由此引来杀身之祸。

但装了固定防盗网，又有如前诉述遇火灾妨碍逃生的问题，因此选择“多功能组合防盗网安全门晒衣架”是非常明智的选择，这是可以保障生命安全的发明。

二、荣获北京赛优秀奖的“巧解春运难的客车住房两用集装箱系统设计方案”

春运难

一家三人共骑车

春运难，难于上青天。

中国已实现航天员在太空翱翔，但仍没有解决春运难的问题，为什么科技如此发达还解决不了春运乘车难题？那是因为没有应用解决这难题的适用技术。

我在南京读书时就曾亲身体验到春运期间乘车返乡的艰难。三十年后，我国交通虽已取得很大发展，但每逢春运乘车依然很艰难。主要原因是春运临时客运量远大于平时，造成客车供不应求！在2012年春运短短40天内要运31亿多人次，比上年增长9%，相当于2.38倍的中国人口在短时间内全部集中上路。全国铁路春运发送旅客日均588万人，而运能仅日均380万座位，即有208万旅客没有座位而站着乘车。如配置客车补足这缺口，又会造成春运过后有日均208万座位，即占全国铁路现有客车总数55%的大量铁路客车虚糜！由此可见，增加春运所需铁路及公路客车都不能解决春运乘车大难题，并且增加铁路及公路客车不仅成本高昂，而且在平时也只能闲置晒太阳，造成极大浪费。

要解决春运难题，必须解决春运临时增加客车在春运过后不闲置这一关键问题。对此我用简单方法巧解这个难题，发明了客车住房两用集装箱。在春运和节假日旅客多时，分别利用公路、铁路集装箱平车运载客车住房两用集装箱作为临时卧铺客车，也可作为兼顾行车和住宿的两用旅游包车成为“活动宾馆”从而节省住宿费，还可作为家庭房车成为“活动家”而走遍天下。如果将铁路集装箱换成这种客车住房两用集装箱就可以作为铁路临时卧铺客车。该集装箱类似火车软卧车厢，设置有卧室、公共卫生间和通道等设施，如图所示。作为铁路客车可加装车厢之间的连接封闭接口装置，以便将多个集装箱装载于铁路集装箱平板车上串联组成临时旅客列车，同时配置与其配套的餐车集装箱。

客车供过于求时，将客车住房两用集装箱组装成楼房作为旅馆和临时公寓等，如图所示。避免客车闲置，从而有效解决春运乘车难题。

巧解春运难的运载客车住房两用
集装箱公路客车设计图

图1 三维效果图

图2 平面效果图

图3 客车住房两用集装箱内部布置图

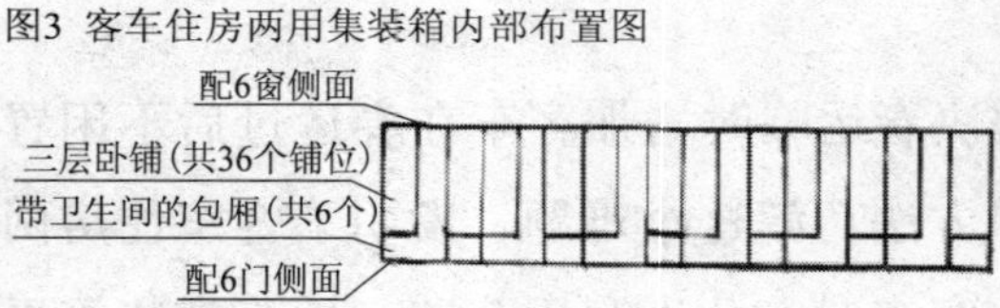

三、荣获北京赛优秀奖的“巧解高楼救火难的直升机吊升高楼火灾救生舱及灭火射水枪设计”

高楼救火难，难就难在高不可攀！现有高楼救火设备救火高度都低于100米。当我在电视上看到上海高楼火灾直升机到了现场却无法灭火时，我便设想：假如直升机上有射水枪就能扑灭高楼大火了。由此提出下图所示设计方案：利用直升机或飞艇飞到火灾现场安全空域，放下牵引缆绳及吊钩，吊升搭载在所配套的专用消防车上的高楼火灾救生舱及带管线的射水吊枪，升空到不受楼高限制的位置，利用救生舱抢救遇险人员，在救援的同时实施灭火。射水吊枪通过供水软管与高压供水消防车相连，不断喷射高压水流实施灭火，达到抢救高楼火灾遇险人员和扑灭高楼大火的目的，有效解决高楼火灾救援灭火这一难题。

在上述总体设计方案的基础上，还有下列两项发明方案：

方案1（如下左图所示）　通过直升机或飞艇定滑轮吊升带管线的射水吊枪和救生舱的高楼救援灭火系统设计方案；

方案2（如下右图所示）　直升机或飞艇升降机吊升带管线的射水吊枪和救生舱的高楼救援灭火系统设计方案。

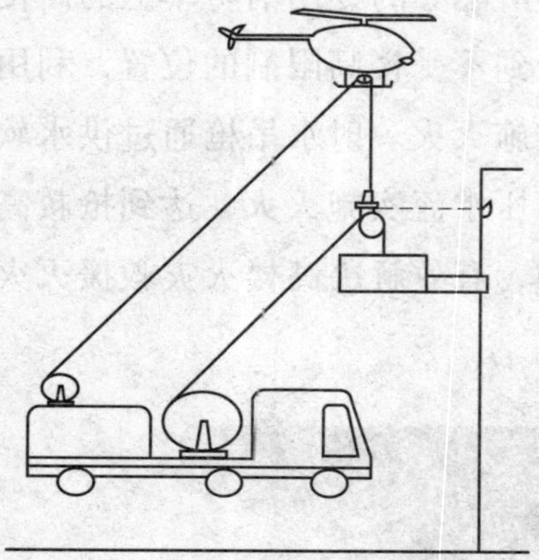

方案1　消防车通过直升机或飞艇定滑轮吊升带管线的射水吊枪和救生舱的高楼救援灭火系统设计方案示意图

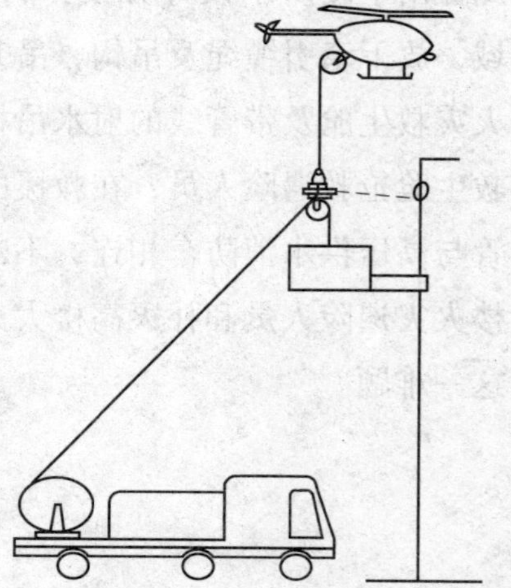

方案2　直升机或飞艇升降机吊升带管线的射水吊枪和救生舱的高楼救援灭火系统设计方案示意图

上述客车住房两用集装箱和直升机救火两个发明都经中国知识产权局初步审查合格并在《专利公报》公布，其中，直升机救火发明已按“第一审查意见通知书”审查意见，对其权利要求书进行修改完善，可望正式得到发明专利。

四、新式航母发明设想

我的新式航母发明设计专利已获中国知识产权局初步审查合格，并在《专利公报》公布，见下图。

中国航母一直是举世关注的焦点，我的新式航母发明设计如宣传到位，将会成为吸引众人眼球的热点新闻。

中国船舶研究院主办的权威期刊《现代舰船》发表了我的新式航母发明设计“军民两用超大船串联组装海上机动飞机场设计”，该设计与美国研究的浮岛式航母设计相比效果更好，参见下图。

中华人民共和国国家知识产权局

545001

发文日：

2011年06月24日

发明专利申请初步审查合格通知书

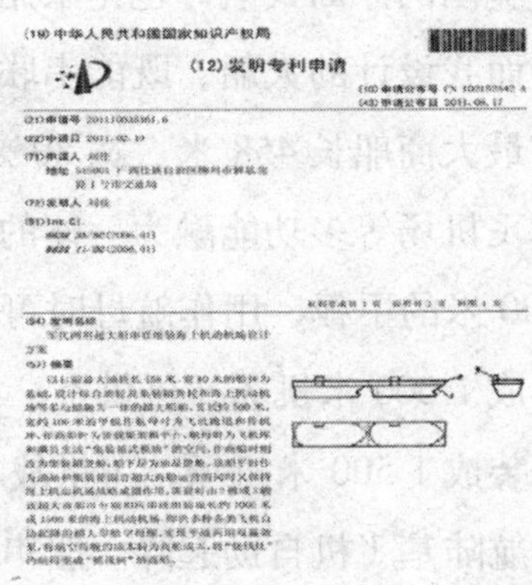
(19) 中华人民共和国国家知识产权局

(12) 发明专利申请

军民两用超大船串联组装海上机动机场设计方案示意图

单船立体效果图

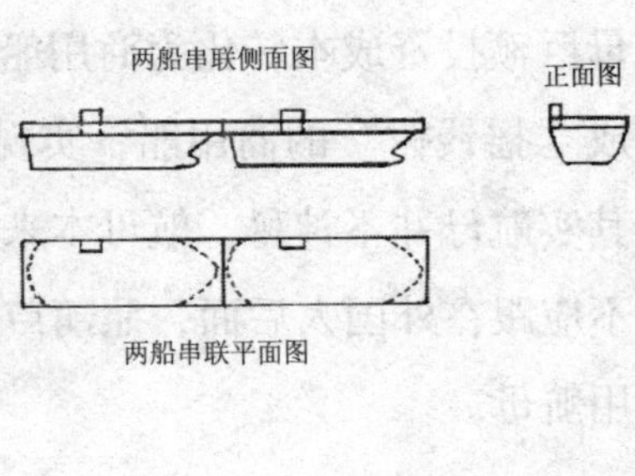

美国的浮岛式航母也是采用大船串联成机场，但其大船不能用作商船；而我设计的大船，既能串联成机场又能用作商船营运产生效益。以目前最大商船长458米、宽80米的船体为基础，设计综合商船和海上机动飞机场等多功能融为一体的军民两用超大船舶，其长约500米，宽约100米的甲板，用作航母时可作为飞机跑道和停机坪；由2艘船串联组装成1 000米机场，可供空、海军陆基战斗机等自助起降；3艘船串联组装成1 500米机场，可供战斗机、预警机、运输机等各类空、海军和民航陆基飞机自助起降。船串联的方式为，在甲板下两船接合部位设置若干个类似火车自动挂钩的装置用于对接，两船甲板间隔处铺设桥面板实现飞机跑道无缝连接。因能供多种飞机自助起降，因而不需设置航母专用飞机的弹射助飞和阻拦绳助降等复杂设备。

不用专门舰载机是这种航母非常突出的优点，可实现各战区空、海军和民航陆基飞机支援海战。这种航母在平时作为商船运营的同时可起到航母战略威慑作用，作商用船时其甲板可作为装载集装箱平台。甲板下除设置运油装卸接口及管道设施外，作航母时还可作为飞机库和乘员生活“集装箱式模块”的空间；作商用船时则改为集装箱货舱。作商用船时，船下层为油品货舱，作航母时船下层外围为贮水舱，既可满足航母编队人员需要，又可提高抗击沉能力。驾驶楼按航空母舰方式设在船体侧上部，以预留飞机跑道和安装飞行指挥塔等飞行设施模块空间。该船平时可作为油品和集装箱混合超大商船运营，实现商战两用双赢，将航母巨额投资成本转化为商用船投资收益的成本，将“烧钱灶”的航母变成“摇钱树”的商用船，实现多快好省造航母。

其实航母并不神秘，航母本来就是从民船改造发展的。中国发展航母，不应跟在外国人后面，照葫芦画瓢地全盘照搬模仿，应创新研制军民两用航母。

有种说法是“航母要隐身”，我认为所谓大军舰隐身是不可能的，对于大军舰的一举一动，通过卫星可看得清清楚楚。现代远程导弹已实现卫星定位制导，所以大军舰隐身是没有实际效果和意义的。

另外，我还设计了现代信息化军民两用预备役军舰，在平时作为民用商船运营的同时，可起预备役军舰战略威慑作用。利用模块化等先进技术，选择性能先进的民用商船为基础平台，需要时加装卫星定位制导的陆基及舰载武器、雷达、火控和指挥等信息化模块，从而改装成军舰用于为临时航母护航。

五、利用闲置铁路和研制悬挂式单轨交通等建议

我通过“金点子”热线电话提出的“利用闲置铁路运营柳江—柳州—雒容—鹿寨城市轨道交通”的建议，被柳州市市领导和有关部门采纳，正式列入经市人大表决审批通过的《柳州市国民经济和社会发展第十二个五年规划纲要》。

我还建议待新湘桂铁路通车后，选用内燃或充电轻轨列车直接在闲置铁路运营，这样柳州就有可能早日实现城市轨道交通。此外，我还提出新建并研制悬挂式单轨交通的建议。

柳州规划建设轨道交通面临的主要难题是：国内现行轨道交通投资较大，每千米造价超过5亿元，远远超过柳州目前的投资能力。柳州现有城市规模达不到国内现行轨道交通所需客流量，会造成轨道交通运营严重亏损。因此，柳州规划建设轨道交通的有效对策是借鉴温州、上海经验，选择造价较低而又较容易尽快实现的悬挂式单轨交通，用于柳州规划新建城市轨道交通。这种轨道交通的主要优点是造价低（每千米造价不超过1.5亿元，如设备国产化造价约1亿元）、占地少、不影响地面交通、运行安全、环境效应优越、适应性强、施工简便、全天候运营等。

柳州市城市轨道交通规划建议方案示意图

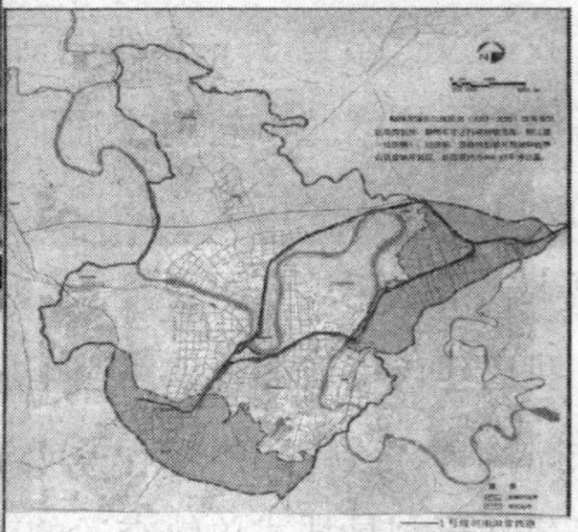

为什么悬挂式单轨交通造价低？与我国现行的下承式轨道交通相比，二者承重支点不同造成车辆自重不同。用一桶水的承重来形象地说明，如承重支点在下面，需搭铁架支撑水桶，而承重支点在上面，只需一根绳就可以吊起水桶。同样的道理，悬挂式单轨交通承重支点在上面，则车辆自重较轻，其高架桥负载也较轻，因此造价较低。悬挂式单轨列车可采用每列4节，行车速度每小时50千米，复合双向线每小时可承运3万人次，适合柳州客运量需求；还可利用柳州汽车机械等产业优势，结合建设引进吸收并创新悬挂式单轨交通生产技术，在国内研制生产悬挂式单轨交通车辆及其运营系统，抢占这一极具发展潜力的市场。

建议规划新建线路走向：以柳州火车站为起点，沿铁路架高架桥—柳江南岸沿江架高架桥—利用驾鹤山北坡和蟠龙山南坡作天然“高架桥”—建设河东综合客运枢纽站—已规划预留土地的河东至柳东新区轻轨路线—在雒容接驳利用闲置铁路运营“柳州—雒容—鹿寨”城市轨道交通。全长约 29 千米，造价约 43.5 亿元，如实现国产设备还可降到每千米约 1 亿元，全线约需 29 亿元。这样可形成柳州城市轨道交通环路系统。其优点是充分利用沿江及山坡作天然“高架桥”和利用山体作天然“桥塔”架设大跨度悬索桥或斜拉桥，尽可能减少征地拆迁而降低造价，路线沿途客源充足，这是规划柳州轨道交通的可行方案。

六、建议保留世博热门馆获部分采纳并入围国家发改委评奖

上海世博如此多娇，引七千万人竞排队。群众期盼保留热门馆，构建世博游乐园。

柳州晚报

龙城一市民致信上海市高层

对上海世博会闭幕表达不舍，建议构建“世博后博览游乐园”

据《柳州晚报》报道，我向上海市领导提出保留世博热门馆以取

得更好旅游等综合效益的建议已部分被采纳。上海市委网站还公布了我的建议，并供有关部门在编制上海世博后规划时参考。已公示的上海世博后的规划证明，我建议保留的世博热门馆中已有沙特馆、法国馆、意大利馆、俄罗斯馆、西班牙馆和船舶馆等原计划拆除的热门馆得到保留并向游客开放。国家发改委通知该建议入围国家"十二五"规划建言献策评奖。

附：国家发改委通知

国家发改委“十二五”规划建言献策工作组

发件人：国家“十二五”建言献策工作组 <ghjyxc125@163. com>；

时　间：2011 年 1 月 7 日 14：43（星期五）

收件人：规划科 <lzjtgh@163. com>；规划科 <lzjtgh@163. com>；

您好！首先感谢您对“十二五”规划建言献策活动的支持！

您的建议——《紧急集中保留上海世博“热门馆”构建“世博后博览游乐园”》——已经被我司摘编，供专家组参阅和评奖！由于评奖过程中涉及知识产权，特此向您询问您是否具有文章版权（即文章是否为自主创作）？望您速回复！如果您方便的话，希望回复时可以留下姓名、工作单位、电话号码及通信方式，以便评奖结果出来后及时准确取得联系。祝好！

国家发改委"十二五"规划建言献策工作组

遗憾的是，我提出的保留中国自建的石油馆、船空馆、汽车馆、铁路馆和太空馆等寓教于乐吸引游客的热门馆未能被采纳，希望将来中国再办世博会时将热门馆集中在同一区域长久保留。对人口占世界人口约五分之一的中国，半年世博会期实在是太短了，实际上，应探索有中国特色的举办世博会的方式，以多种方式进一步努力延续世博会精彩，让更多数以亿计的天下游客持续享受长盛不散的世博会盛宴。

七、"带充气垫和滑翔伞的水陆起降两栖飞机"和"高楼或山之间悬挂软网巨幅发光广告"设计获中国知识产权局初步审查合格

我注重培养学生敢于发明创新和引导学美术以帮助提高想像力。我女儿刘畅是高二学生，她在练习画水上飞机时提出了一个创意：把水上飞机起落架浮箱做成可充放气的充气垫，起飞后放气就可以减小飞机体积和飞行阻力，飞机就可以飞得快些。

我首先夸赞她的创意很好，然后指出水上飞机在降落时冲击力很大，空心充气垫很有可能会被冲破。与她一起练习绘画的表妹温锦仪（小学三年级学生）就说："可不可以给飞机装个降落伞？"我说这想法也很好，但是飞机太重，很难做这么大的降落伞。刘畅就说："可不可以做多层降落伞？"我一听有道理，把这两个学生的创意组合起来就可以成为有实用价值的重大发明，于是我指导她们申请发明专利和实用新型专利——带充气垫和滑翔伞的水陆起降两栖飞机，已成功得到国家专利部门授予实用新型专利，并荣获柳州市第28届青少年科技创新大赛

创新成果竞赛项目高中组一等奖。

带充气垫和滑翔伞的水陆两栖飞机设计图

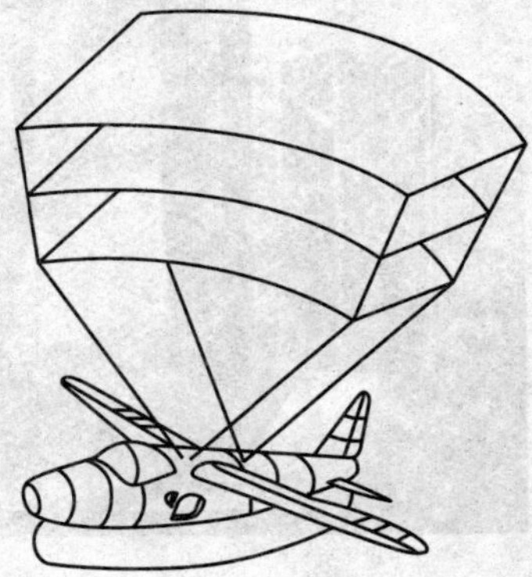

其发明内容是，在现有陆基飞机的基础上分别加装水上起降弹性充气垫（简称充气垫）和飞机减速降落多层滑翔伞（简称滑翔伞）的水陆起降两栖飞机，如图所示。这种飞机除可用起落架在陆地机场起降外，还可在飞机降落前用气泵给飞机下部的气垫充气，打开飞机上部的滑翔伞使飞机以低速在水上降落，还可用充气垫实现飞机在水上起飞。在飞机升空后用气泵抽气，通过充气垫内外气压差所产生的作用力将充气垫和滑翔伞收藏于机内或外挂总成内，让飞机保持良好的流体外型飞行，成为水陆起降两栖飞机。将这种飞机配置于无跑道航母，飞机可用舰载升降机上下舰，这样飞机以水面为跑道，可取代现役航母舰载机实现海上作战和运输等用途，开创无跑道航母的水陆起降两栖飞机作战编队新模式。

在构思的基础上有两种发明：

① 充气垫和滑翔伞藏于飞机内；

② 在现有陆基飞机外部分别加装充气垫和滑翔伞外挂总成。

前者需要对现有陆基飞机进行改造，其飞行性能较好，但成本较高；后者成本较低，卸下外挂总成就可方便转换为原来的陆基飞机，但充气垫和滑翔伞外挂总成会增加飞行阻力，飞行性能比前者差些。

此外，刘畅还参加应征柳州工贸风情港开业“金点子”活动，提出利用风情港 A、B 座高楼之间的客间悬挂“工贸风情港购物中心”巨幅软网发光广告方案，其效果见下图。

工贸风情港购物中心巨幅发光广告方案效果图

说明书附图

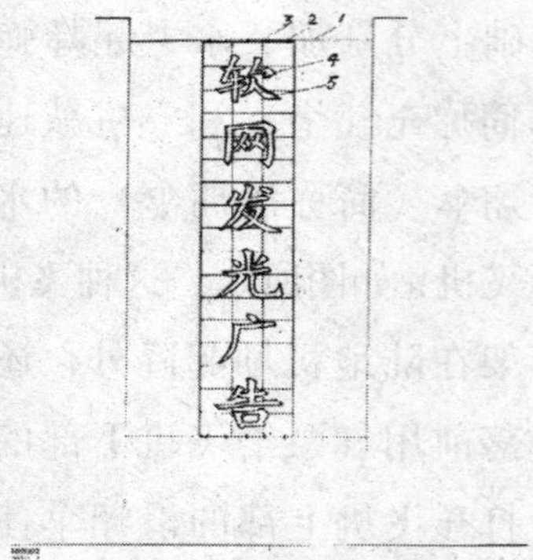

本创意是在高楼之间或楼顶架设钢缆线，通过贯穿在钢缆线上的吊环，利用高楼之间或侧面的闲置空间悬挂透明软网安装巨幅发光广告。其广告字体和图形用带通风孔的布制作并固定于透明软网，沿巨幅广告字体和图形周边安装发光软管实现夜间发光效果。如要更换广告内容，则拉动吊环沿钢缆线移动悬挂广告软网到所需位置更换。由于巨幅发光广告是由软网、通风布和发光软管组成，其重量轻，抗风及安全性能好，还具有投资少、广告效果好等优点，是价廉物美而又非常适用的广告方式，很适合用于公益和商业广告。

八、引导学生建议建立一小时免费公租自行车网络系统荣获柳州市“规划交通　问计于民”活动一等奖，成为柳州市政协提案并列入规划

我女儿刘畅去杭州旅游，看到公租自行车很方便就说柳州也这样就好了。我听到后就引导她回柳州后参加市政协征集提案线索活动，提出下列建议：“今年暑假，我到杭州旅游看到在客流量较大的公交车站附

近设置有自行车出租还车网点，实行所有网点通租通还自行车，即可在出发地租车到目的地还车。实行一小时内租车免费，一小时后按每小时一元计费，方便了群众出行和促进了旅游业发展，增加了公共交通出行方式，很多有车族都改乘自行车上下班，有效缓解了塞车状况和减少了汽车尾气排放，实现了低碳环保，是投资少、见效快、得民心的好民生项目。我非常盼望柳州把建立公租自行车第一小时免租金网络系统作为民办实事项目，这样我们学生就能免费租自行车上下学。我在上海世博会丹麦馆看到丹麦是发达国家，仍选择建立公租自行车网，说明只要为民众提供方便公租自行车服务，自行车便会受欢迎，这是有效缓解柳州交通拥堵和减少汽车尾气排放的好对策。”该建议荣获柳州市“交通规划　问计于民”活动一等奖。《柳州日报》发表专题报道了她的建议，得到市民广泛关注，市政协将此建议列为正式提案，还将该建议提出的公租自行车列为市民问卷调查项目之一，市民投票支持率高达 79%。目前，公租自行车已列入柳州市公交都市规划项目。

公园路小学学生佛松睿也在我引导下参加市政协征集提案线索活动，提出下列建议：“在柳州‘人造瀑布’建造大水车，由瀑布落下的水流驱动大水车转动并带动发电机运转发电，所发的电用于点亮景观

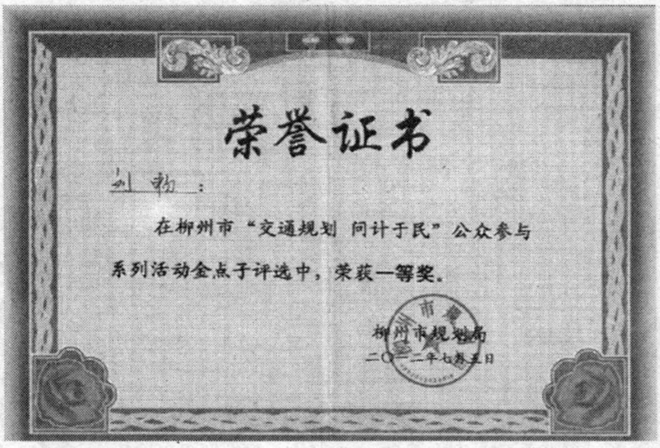

柳州日报

02 主流 权威

2012年7月6日 星期

学生"谈"交通 夺金

新柳州·

交通规划"金点子"评选活动青睐中学生

"公共自行车租赁系统"拔头筹

灯，大水车上亮丽的景观灯转动又可锦上添花产生美妙景观。这是既美化景观又节约能源、低碳环保、'一举多得'的多赢好事!"《柳州晚报》和市政协网站都发表该建议并表扬他作为小学生能积极提创新建议非常难能可贵。

第二章　“金点子”创新成功路线图及其说明

何为创新？创新就是在旧的基础上创造新的，即通过对已有事物的敏锐观察和分析，运用丰富想像和开阔思维，突破常规进行探索，创造性地提出新的发现和发明或新方案等，成功实施新设想或新成果获得实用价值和效益。创新可以是设想、行为、成果、意境等多种形式，创新包含从新设想或新成果发展到实现成功目标的实际应用全过程。

所谓“金点子”创新就是想出好的创新点子，但仅靠自身条件不能实现，以提出设计或建议方案的方式寻求各方帮助实现成功目标。“金点子”创新可大胆想自己做不了但寻求各方帮助能做成的事，而一般的创新往往局限于自己能做成的事。

从如何想出好的创新点子到实现成功目标需要经过艰难曲折的争取过程，这就需要事先谋划好自己的创新方案，以及未来每一步应如何走向。这就像下棋，不能只想下一步棋如何走，更重要的是要周密思考下一步棋后的若干步棋如何走。就像下棋有棋谱，创新也需有谱。对创新的“过去时”、“现在时”和“将来时”有一个总体掌控，形成可操作的创新方案，用以指导创新实践。

创新的方法很重要，方法正确，事半功倍；方法错误，无功而返。毛泽东把方法形象地比喻成桥和船：“不解决桥和船的问题，过河就是一句空话。”如果一开始，创新的策略和定位就有偏差，则无论怎样努力都很难成功。可以说谋划好创新方案和掌握正确的创新方法是关系创新成败的关键。我通过总结创新成功突破的经验、方法和技巧，编制了“金点子”创新成功路线图供大家参考。

“金点子”创新成功路线图

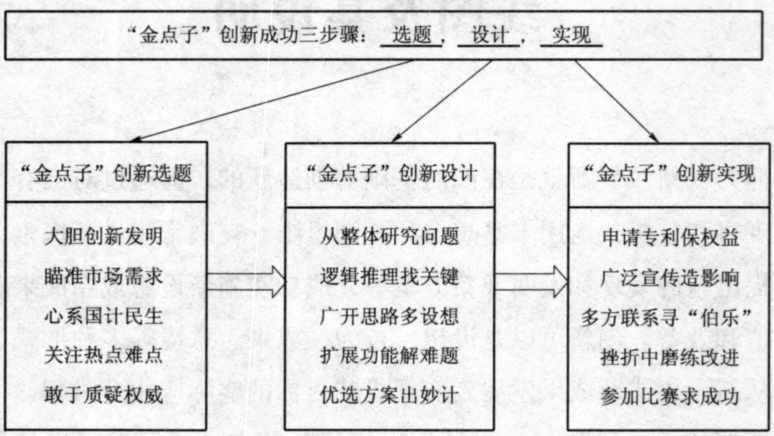

这里把“金点子”创新成功要点概括在图中 100 字的词句中形成“百字创新秘诀”，其过程主要有三个步骤：选题、设计和实现。现按这三个步骤对图中“百字创新秘诀”进行逐句解释说明。

一、“金点子”创新选题

“金点子”创新选题就是被某问题所吸引立志想办法解决，或对解决某问题产生初步设想从而进一步深入研究。我的解春运难选题属于前一种，高楼救火难选题则属于后一种。

选题是走向创新成功的第一步，决定了创新方向和目标价值。选题好就为创新成功开了好头，如选题不好，将浪费自己宝贵的时间和精力（用柳州水话讲就是“杨白劳”）。选题就好比谈恋爱找对象，找对就幸福一生，找得不对，轻的是浪费时间、感情，严重的则是悔恨终生。因此选题是决定成功与否的第一重要环节。

华人诺贝尔奖获得者李政道说：“一个人想做点事业，非得走自己的路。要开创新路子，最关键的是你会不会自己提出问题，能正确地提出问题就是迈开了创新的第一步。”发现问题需要一个过程，在这种过程中，人们要从事物复杂的矛盾关系中分析和寻找出最主要的问题及其相互关系。观察事物现象是发现问题的必要条件，发现是创新的前提，善于发现问题和提出问题是创新首先需要的能力，其体现了探索问题的敏锐程度。发现问题需要有敏锐洞察事物的能力，从错综复杂的矛盾中作出准确的判断，这是做好选题的关键。

在选定选题前应通过上网搜寻和专利查新等方式了解该选题是否已有人做过，以避免无效劳动。选题要有创新性，要有抢先、高明和成功的特点。抢先就是搞其他人没有搞过的发明创新；高明就是选题应新颖独特，要有夺取创新成果的非凡能力和手段；成功就是实现发明创新的最终成果，要比现有同类事物更实用、更有价值和更先进。选题的创新性不仅是指填补空白，翻新、利用和改造旧事物，使其产生新的效果、功能和价值，都是具有创新性的选题。例如，将某一领域的技术转移到其他领域，扩大原有产品功能，以新材料取代旧材料，借鉴外地和其他人的成功做法和经验结合本地实际及自身条件复制成功等均是创新。

“金点子”创新选题应着重做好下列要点。

（一）大胆创新发明

创新发明既要有识更要有胆，只有大胆才敢选能取得重大价值的选题，只有大胆才能成就大事，敢想敢干是创新的前提，要甩掉一切思想包袱，大胆思考。但要注意不要找类似永动机这种已被实践所否定的选题。

爱因斯坦说："若无某种大胆放肆的猜想，一般是不可能有知识的进展的。"正是有这种大胆放肆的猜想，我才敢想新式航母、直升机救火等重大创新发明选题。创新选题要在总体上藐视，细节上重视。总体上藐视就是不要被难题吓倒，不要认为问题太难就不敢想，有了好点子不要因顾虑太多而放弃，要自信总能想出解决难题的办法。世上无难题，只要肯钻研。细节上重视，就是在细节研究中要认真思考论证各种解决难题的办法。

人的创新能力在于他是否有较强的创新欲望和较好的思维方法，能直面失败，有百折不挠坚持创新的坚强意志。创新大师乔布斯把敢于创新的成功者描述为："一些特立独行的人，他们与社会不同调，在方、圆规矩中不协调，对事情有不同的看法，他们是规则的破坏者……因为他们改变了世界，使得人类进步。当时他们被视为疯子，现在则被视为天才，因为不同凡'想'，才能改变世界。"

创新发明在满足需求的前提下，尽可能越简单越好。

我总是力图以简单的方法巧解复杂难题，如用运载住房集装箱的简单方法巧解春运复杂难题，用直升机吊升射水枪和救生舱的简单方法巧解高楼救火复杂难题，用军民两用超大船串联组装飞机场的简单方法巧解建造航母复杂难题等。

晒衣架能获北京赛奖，说明创新发明不是神秘的事；将我女儿和她表妹的创意组合起来，申请带充气垫和滑翔伞的水陆起降两栖飞机专利的案例，说明学生提问题所产生的简单想法经指导也能申请重大发明专利。创新发明虽要有一定知识，但不需要有高深知识，有时会因专业知识学得太深产生了惯性思维，反而阻碍创新思维的发挥。

综观古今中外的发明家，学历大都不高，这验证了美国著名学者道格拉斯·洛顿的观点：孕育着发明能力的中小学毕业生，远远比被扼杀了发明能力的哈佛毕业生有更多的成功机会。实践证明：创新是人人都具有的能力，不是个别天才的独有绝技。高智商的人不一定有较强的创新能力。正如世界首富比尔·盖茨所说：“最有希望的成功者，并不是才华最出众的人，而是那些最善于利用每一时机发掘开拓的人。一个人想要成功，就要学会在机遇从头顶飞过时跳起来抓住它，这样逮住机遇的机会就会增大。你必须在心中有非分之想，你必须尽力抓住那个机会。科学技术的进步给人们的生活带来巨大的影响，而人们要不断适应这种时代的变化，不要坐等未来，失去自我发展的良好机会。运气是一个因素，然而我想最重要的因素还是我们的远见和高度洞察力，我从来都是戴着望远镜看这个世界的。强烈的欲望也是非常重要的，人需要有强大的动力才能获得成功。有非凡志向，才有非凡成就。与其做一株绿洲中的小草，还不如做一棵秃丘中的橡树，因为小草毫无个性，而橡树昂首天穹。”台湾企业家王永庆说：“能够成就事业的人，并不见得特别聪颖、能干，只是比别人多了一分决心，即知即行，而且贯彻到底。”许多大科学家、发明家、企业家、艺术家和工程师并不是大学培育出来的，低学历的人只要大胆广开思路发明创新就有成功的可能。如倪志福发明新式钻头、郝建秀发明纺织新工作方法等，他们的学历不高，但敢于发明创新，因此取得了成功。

在巴黎国际发明展上，“抓斗大王”包起帆连续四次上台接受发明金奖，在国际发明界引起轰动。以下是工人发明家包起帆自述的成功案例。

创新就在本职岗位，有岗位就会有机遇，爱岗位才会发现机遇，关键就看你是不是善于思考，勤于探索。我“抓斗大王”的发明之路就源于对岗位的热爱。我 17 岁初中毕业成了上海港一名装卸工，我们经常要装卸木头，这些原木轻则一二吨，重的可达十几吨。当时对木头这样的重物，还只能由工人先用钢丝绳扎好，再钩上挂钩起吊。这种起吊方式笨重且劳动强度大，还经常发生原木滚动或从高空落下砸伤死人的事。当初我之所以会去发明抓斗，是因为亲眼看到一个月内3个“好兄弟”死于原木装卸事故。对工人兄弟的朴素感情，使我萌发了“虎”口夺生的欲望，决心要攻克这个难关。我借鉴圆珠笔伸缩原理，解决抓斗能全行程任意点启闭的难题，成功地研制木材抓斗，使其像五指一样灵活地抓住木材装卸，从此工人兄弟不再受原木装卸事故的伤害。

创新不问出身，不是只有高学历的人才能谈创新、才能搞发明，普通职工照样也能大有作为。我不是一个天生的发明家，只是从自己的本职岗位出发，从小改小革起步而逐步成长起来的。科技创新首先要有好眼光，不管什么时候，创新都需要苦干，但苦干不等于蛮干，创新好比种树，而我只种能结果的树！一个好的创新项目，必须是生产实践急需的。做表面文章，搞空头支票，即使创新搞成也是有名无实，我坚决不搞锁在抽屉里堆在墙角下的项目。发明成果要转化为生产力，需要很艰难的过程。完成设计只是开头，即使是做出样机，要想推广应用取得效益仍很艰难。我发明的抓斗图纸都是免费提供各港口推广应用的，只有这样才能大规模用我发明的抓斗，我才能成为“抓斗大王”。发明人不要过于计较利益得失，有的发明人把时间、精力都放在打官司上，这是得不偿失的。我的岗位虽然几经变化，但我无论做什么工作都把创新放在第一位，都在种能结丰硕果实的树。

我的创新方法可以归纳为寻找“交叉点”。第一是，寻找世界上的科技发展前沿和自己本职工作发展方向的交叉点。因此，我和同志们开发出了中国港口的第一个集装箱自动化无人堆场，并取得了初步成果。第二是，寻找世界上已经成熟的科技成果和自己本职工作中难题的交叉点，如成功开发了“现代集装箱码头智能化管理技术”等课题。是责任感、事业心激励着我不断创新。我的成长经历显示了一个道理：责任成就事业，创新改变人生。

抢占制高点。面对日新月异的港口建设，中国港口的集装箱吞吐量世界第一，中国的集装箱产量世界第一，中国的集装箱机械设备产量也是世界第一。可惜当今集装箱运输存在着几十种国际标准，却没有一个是真正由中国人制定的集装箱标准。对此我很不服气，就和同志们投入研究。“集装箱电子标签”不但融合物流和信息流，而且还具有“电子哨兵”的作用，这项技术全面提升了港口现代化服务水平。巴黎发明大会的专家对这项发明予以高度评价，称其“将会带来一场运输方式的革命。”目前与我们相关的集装箱电子标签系统的标准在国外还没有，而这一项目又代表了世界集装箱运输的未来，是今后各国同行的必争之地。如果拿下标准，我们就占领了制高点。在大量工业性实验和数据的基础上，我们已经完成了三个总体类标准的草案，一旦时机成熟，我们就把它扩展至国际集装箱运输领域，改变中国在该领域缺少自主知识产权和制定国际集装箱标准话语权的现状。

（二）瞄准市场需求

需求是发明创新之母。我国现在实行的是市场经济，创新的选题是否适合市场需求是成功与否的关键，其着重点是以市场需求为导向寻找选题，以寻求实现市场实用价值为目标。我们虽然需要有像陈景润这样的纯基础理论科学家，但更需要更多像袁隆平这样的创造巨大市场实用价值的实用型科学家。特别值得学习借鉴的是华罗庚在数学理论取得辉煌成就后，走出纯理论的象牙之塔，把工作重点改为研究探索与生产实际相结合，推广应用优选法和统筹法。毛泽东称赞鼓励他此举是“不为自己为人民”。

比尔·盖茨和乔布斯等成功的关键，就是敏锐观察市场需求而选准发明创新选题。李嘉诚的成功关键，是先瞄准塑料花市场需求，研制塑料花起家，而后又敏锐瞄准房地产等市场需求逐步发展成香港首富。

我的巧解春运难选题就是瞄准春运市场需求。春运短短 40 天内要运 31 亿多人次，全国铁路春运发送旅客需求与运能之间有日均 208 万座位缺口，如配置临时客车补足这一缺口，又会造成春运过后有日均 208 万座位，即占全国铁路现有客车总数 55% 的大量铁路客车闲置晒太阳！这是选题关键。我研究新式军民两用航母选题也是瞄准我国巨大的造船和海运市场需求。我在自己家装修时，做出“多功能组合防盗网安全门晒衣架”后，没有只满足自家使用，认识到该产品有极具发展潜力的市场推广价值。我的“建议保留世博热门馆构建游乐园”选题，是看到世博热门馆观众排队火爆，料到其有巨大旅游市场需求，如能保留可进一步适应市场需求取得更大经济效益。

在我们工作中，规划不适应市场实际需求时应如何调整，是创新选题的重要内容。如我国针对国际金融危机及时调整规划，出台扩大内需的对策，就是根据市场需求的变化，及时调整国家规划的成功典范。

实践证明，若过于强调计划经济，则会忽视市场需求和市场竞争对经济社会发展和技术创新及资源有效配置的推动作用。在计划经济条件下，中国解放牌汽车因缺少市场竞争而几十年不变。而在市场经济条件下，中国汽车新产品层出不穷，这充分说明市场需求和市场竞争对经济社会发展和技术创新有巨大的推动作用，也是中国选择改革开放，建立有中国特色社会主义市场经济的重要原因之一。

“资本运作高手”吴一坚（金花集团董事长），在东方卫视《财富人生》节目中讲述了他如何瞄准市场需求，成功获取三个亿的资金合作建成电视机厂的成功案例。

1984 年我辞职下海。当时家用电器的国内市场需求非常大，所以当时就想建一个电视机制造厂。来到海南以后就一直寻找机会。建一个电视机厂首先要具备一些条件，要有地，可哪里有地呢？当时得知海南当地的一个房地产公司有地。我说：“你出地我来建厂，建厂二十几年以后我连厂带地都给你。”经过协商，他们拿出一百多亩地，建厂的一切费用由我出。这种合作方式在当时确实是一种非常有效的资源配置方法。当时地拿到了，设计费也是一笔不小的数字。我找到海南的一个电子设计院，他们说：“设计费要七八十万。你先付我们定金，我们组织人。”当时我手里只有几万块钱，这几万块钱是命根子，付出去干不成怎么办？

和出地方把用地合同签了以后，很快要选择建筑队伍。一家施工队的老板非常积极，他找到我说：“吴老板，你如果把这个工程给我，我不要一分钱，我干好了以后你再给钱。”我说：“你要能给我们一定的质量保证金我才敢信任你，否则你干不好怎么办？还把时间耽误了。”他说：“没问题。”我说：“我们就按 3% 到 5% 收取质量保证金。”他很爽快地就答应了。当时我们总的造价将近七千万，按照 3% 到 5% 需收取二百多万的质量保证金，最后给了一百四十多万质量保证金。当时如果没有这一百多万，我连设计费都付不起。付了设计费以后，设计单位非常有信心，他们加班加点搞图纸设计，边设计边施工边修改。当时海口市的一位主要领导为了支持这个项目尽快上马，到我们的施工现场说：“我们市里领导担任你们的现场总指挥，为你们提供条件，使这个投资项目尽快上马。”

开工以后，施工和设备流水线所需的资金不能不落实。我派人去买了一本电话簿，给电子器材经销公司发函，问他们有没有兴趣和我们合作。当时国内的电视机市场非常火爆，电视机是非常紧俏的商品。我们当时发出去的信大概有三百多封，每天就有几十封信返回询问这件事，之后我们就邀请他们到现场来考察。很多电子器材公司又带银行，又带金融机构来考察，我们告诉他们，这里整个建设工期大概是十个月，十个月以后就可以向市场提供电视机。电视器材经销商觉得这是个非常好的事情，非常积极。只是有条件，我们提出要收不低于50%的预付款，他们认为可行，就付款几千万，我们用收取的几千万预付款来订购设备和元器件等。

生产设备确定了以后就要采购原材料，在和香港的一些供货商谈的时候，我说："我们是个年产十万台电视机、十万台电冰箱、十万台录像机及高频头这样一个大规模的生产厂家，你们愿意做我的供货商吗?"当时有很多商家竞争做我们的供货商，主动权在我们手里。我对他们说："你们要先供货，三个月以后我付款给你。"就这样他们也非常愿意。

当时生产电视机利润空间很大，每台电视机的盈利空间是八百到九百。从我们圈地开始到第一批电视机五万台组装完出厂，也就用了十个月左右的时间，只有当时的海南才会有这样的速度。这件事情被很多人效仿和学习。十个月后我们对工厂的资产评估是大约三个多亿，那一年我还被评为海口市的荣誉市民，他们把这种现象称作是海南现象。我觉得这种决策靠的是一种敏锐的观察能力，一种胆略，一种魄力，一种智慧，这种智慧本身就是财富!

（三）心系国计民生

创新的选题既关乎国家大计又要心系百姓民生需求，深入民间调查，了解百姓具体有哪些需求可以作为自己创新的选题。民生难题不能只靠专家权威想办法，还需人民群众想方设法建议政府帮助解决。在关心国家大计之中寻找自己创新的选题。胸怀祖国，放眼世界，要破除“两耳不闻窗外事，一心只读圣贤书”的传统陈腐观念，树立“四面云山来眼底，万家忧乐到心头”的思想境界。眼观天下风云变幻，耳听八方各种呼声。党声政声民众声，声声入耳；国事民事天下事，事事关心。

创新选题来源于工作生活和人们的需要。我的巧解春运乘车难选题就是根据春运和节假日乘车难这个关系到国计民生的难题确定的。我在南京读书时，每年放假回家都会亲身体验春运乘车的艰难。如今三十多年过去了，我国的交通已有了翻天覆地的发展，但春运乘车难仍没有解决。每当看到春运时一票难求，很多人饱受票贩子剥削，还有人顶着寒风雨雪，骑摩托车艰难行驶上千里路程，有的甚至是全家三口人共骑一车，存在许多安全隐患的情景，作为交通人，我的感受就像当年铁人王进喜作为石油人，看到汽车因没油背上煤气包那样难受。铁人王进喜由此发出“宁可少活二十年，拼命也要拿下大油田”的豪迈誓言，鼓励着我立志攻下春运乘车的大难题。

我的高楼救火选题，是为了解决目前高楼救火缺乏有效装备、办法及手段的大问题，为高楼居民寻求安全保障。我在自己家装修做出“多功能组合防盗网安全门晒衣架”后，还考虑到推广这项产品将有助于解决目前很多家庭装上固定防盗网所造成的安全隐患的问题。我研究新式航母的选题，是为了寻求国家加快发展中国航母的途径。

以下是台湾企业家王永庆从关注米缸起步的成功案例。

王永庆小学毕业到米店当了一年学徒后，他父亲贷了200元供他开米店。他卖米的时候，用心盘算每家客户的消耗量，如果一家十口人，每个月约需20公斤米，五口之家就是10公斤米，他按照这个数字设定标准，如果十口的人家一次买了20公斤米，他就在约近一个月，估计他们差不多缺米了，主动地将米送到顾客家中。他这样"按用户需求计划送米服务到家"的做法，一方面确保顾客家中不断米，一方面带给顾客莫大的惊喜。顾客欣赏他设想周到，就不会转到别家米店买米。米卖出去以后，紧接着就是收款问题。对于大多数工薪顾客，他会记住他们每月哪一天领薪，到那时候去收米钱，大多都非常顺利。但他并不满足只开米店，第二年他增添了碾米设备。当时他的隔壁是家日本人开的碾米厂，日本人下午5时就停工休息，他则继续做挑米中碎石的工作直到晚上10时半。他为节省3分钱的利润，坚持冬天也洗冷水澡。正是因为他这样的勤劳节俭，业绩远超隔壁的日本人。随着经验的逐渐积累，他开始创办经营台塑等超大企业。

王永庆卖米的经历说明，从小事做起也能成就大事业。成功虽然也需要因缘际会，但更重要的是机会来临时已做好了准备。

（四）关注热点难点

从人们普遍关注的热点难点寻找自己创新的选题。

热点难点往往是因广大民众关注聚焦而成，是民众需求的集中体现。关注热点难点，通过对其分析，进一步找寻创新的新线索，一旦找准热点难点问题就能取得重大成功。

我针对春运乘车难和高楼救火难及中国航母这些国内外关注的热点难点，研究如何应用现代科技发展成果来解决，并以此作为我创新的选题。如何规划建设城市轨道交通是柳州的难点问题：柳州不是省会城市，目前城市人口不到二百万，国内现行轨道交通投资较大，每千米造价高达5亿元，超过柳州目前的投资能力。柳州现有城市规模达不到国内现行轨道交通所需客流量，会造成轨道交通运营严重亏损。我以此为创新选题，研究适合柳州建设轨道交通的有效对策。

英国学者斯迈尔斯说：“善于抓住一些偶然的事件造成的机遇，从中探索出内在的原理，引申出科学的知识，这是许多科学家、发明家的成功之道。”约翰逊博士认为：“天才就是常人偶然把自己的注意力集中于某一特殊的方向”。当然这里的常人必须是那些全身心追求自己目标的人。一个人只要致力于追求自己的目标，就会找到属于他的“偶然性”或机遇，“偶然性”或机遇也只会光顾这样的人。与其说是偶然的运气，不如说是坚忍不拔的意志和勤奋带给人们成功和收获。要是人们都善于抓住和利用这些偶然的机遇，该有多少发明可以问世，这个世界该发生多大变化啊。

（五）敢于质疑权威

什么是创新？创新就是一种创造性的“破坏”，不破不立，破旧立新。只有破除旧事物中不符合需求的东西，才能够创新出适应时代需求的新事物。创新之道在于打破不合理的条条框框和无用的章法。要创新就要在所涉及范围内对现状有一定程度的否定，有可能与相关权威意见不一致。对于权威不能简单模仿和盲目崇拜，不要跟在他们后面亦步亦趋，不要迷信权威，人云亦云。如果迷信权威，一切都按照权威的意见办事，不敢怀疑权威的观点，不敢逾越权威教条半步，也就无法创新，因此敢于质疑权威是创新选题的重要方面。不受权威意见限制，没有条条框框约束，自主放开研究是成功的有效途径。作出重大发明创新的人，大多是敢于向一成不变的清规戒律挑战的人，他们做出了权威大师们认为不可能的事情，让世人大吃一惊。

钱学森作为大权威从不以权威自居并多次强调：“没有什么权威，不能搞一言堂，大家充分发表意见，互相交流，争吵一下也没有关系。人云亦云不是科学精神，科学精神最重要的就是创新，而真正创新是敢于研究别人没有研究过的科学前沿问题，不断探索求新，孜孜不倦地攀登科学高峰。”清华大学校长陈吉宁对年轻博士生说：“要想在科学研究上从 following（跟踪）走向 leading（领导）和创新，需要更多的人尤其是青年学生去挑战传统，挑战学术权威。”乔布斯对大学毕业生说：“生命短暂，不要浪费时间活在别人的阴影里，不要被教条所惑，盲从教条等于活在别人的思考中；不要让他人的噪声压过自己的心声。最重要的是要有勇气和直觉。求知若渴，虚心若愚。我总是以此期许自己。现在你们毕业了，我也以此期许你们。”

发明创新往往要冒一定风险，创新或多或少与现有规则和惯例相矛盾，因此会有一定阻力和压力。所以要树立独立思考敢为人先的创新精神，要敢于明智地冒险，要以客观实际为依据和基础，不要草率地冒险创新。这里所讲的敢于质疑权威主要是指学术权威，千万不要轻易质疑领导权威。要注意处理好质疑权威与服从领导的关系。如与领导意见不一致，对能听不同意见的领导，可考虑单独向他汇报自己的意见和建议，当众汇报会让人觉得是与领导抬扛和自以为比领导高明，如领导不采纳则要服从领导。

二、“金点子”创新设计

设计就是如何想出为达到目的而解决问题的好点子，并作出可行方案。从广义来讲，设计是指预测与设想、创造的过程，包括从构思到建立切实的实施方案和示意图等。其实每一个人都是设计师，人们都在有意识或无意识地进行着设计，对创造和改进周边事物及自己人生未来等作出设想和决定。这里说的设计是广义的，包括发明产品和创新方案等各类设计。选题是创新的起点，设计则是创新的开始。设计是创新的核心，没有创新设计就没有创新；设计还是为实现目标进行构思、谋划前期工作的过程，是孕育出创新的好点子、好办法和好方案。设计可以让人的梦想成真，成为切实可行可实施的方案。乔布斯说：“设计是一个非常有趣的词，有些人认为设计仅仅是外观设计，但是如果深层次挖掘其含义，就会发现设计的真正含义是产品的运作方式。为了设计好的作品，你必须‘抓得住它’，你得与它心意相通，一定要理解它，一定要深入而全面地理解它所代表的含义。需要设计者充满激情，对它进行真正全面的理解和仔细的考虑，而不仅是囫囵吞枣。要透彻地了解一件事情需要热情的支持……大部分人并没有花时间来做这一点。”

“金点子”创新设计应着重把握好下列方法和技巧要点。

（一）从整体研究问题

“从整体研究问题”是从钱学森：“创新成功秘诀是要大胆广开思路，从整体上研究和解决问题！”中进一步提炼出的关键词。胡锦涛总书记在看望钱学森时说的一段话是对“从整体研究问题”的很好解读，胡锦涛总书记说：“上世纪80年代初，我在中央党校学习时，就读过您的有关报告。您这个理论强调，在处理复杂问题时一定要注意从整体上加以把握，统筹考虑各方面因素，这很有创见。现在我们强调科学发展，就是注重统筹兼顾，注重全面协调可持续发展。”钱学森认为，局部与全局辩证统一，事物内部矛盾的发展与演变等，本来是辩证唯物主义的常理，而这就是“系统”概念的精髓……社会劳动规模的日益扩大，使人们日渐自觉地认识到了系统工程方法的必要性和重要性，要求我们对统筹兼顾、全面规划、局部服从全局等原则，从朴素的自发应用提高到科学的自觉应用，把它从日常的经验提高到反映组织管理工作客观规律的科学理论。所谓科学理论，就是要把规律用数学形式表述出来，最后要能用计算机处理。科学理论是系统工程的基础，系统工程则是这门科学理论的具体应用。从整体研究问题就是从系统总体研究问题，以重点确保系统总体效益为原则。一个系统是由许多要素所构成的，在系统功能上是不可分割的整体，如果硬把一个系统分割开就会使其失去原有性质，也就成了从局部研究问题而只顾局部利益。科学发展观就是从整体研究和解决问题，避免静止地、孤立地、片面地研究和解决问题。

如保护生态是从整体研究问题的结果；而只顾局部利益破坏生态环境是从局部研究问题的结果。龙江镉污染影响柳州饮水安全事故充分证明从整体研究问题的重要性。

孙子曰：“不谋万世者，不足以谋一时；不谋全局者，不足以谋一域。”从整体研究问题，统揽全局、统筹兼顾、高瞻远瞩，有如杜甫绝句“会当凌绝顶，一览众山小”；而从局部研究问题就像“瞎子摸象”，只摸到象的局部而不知道象的整体，只见树木不见森林，有如苏轼绝句“横看成岭侧成峰，远近高低各不同。不识庐山真面目，只缘身在此山中”。创新成功秘诀的核心就是从整体研究问题。

如果按常规从局部研究春运，仅考虑增加春运临时运力就会成为老大难问题，而我从整体研究春运，不仅增加临时运力，还设计其车辆在平时客运量少时分解改为货运和住房，避免闲置从而解决难题。

按常规从局部研究高楼救火，只是从增加消防车救火高度角度考虑，将远远达不到现有高楼高度。而我从整体研究，利用不受楼高限制的直升机吊升消防车的射水枪来扑灭高楼火灾，就解决了这一难题。

按常规从局部研究航母只能走别人的老路，而我从整体研究就得出两个方案：一是利用改装大商船串联成海上机场代替现役航母；二是在现有陆基飞机基础上分别加装充气垫和滑翔伞成为水陆起降两栖飞机，再配置无跑道航母代替现役航母。在研究两栖飞机加装充气垫的问题上，开始是中学生提问把水上飞机起落架浮箱做成可充放气的充气垫，但只从局部研究加装充气垫，则存在的问题是空心充气垫承受不了飞机降落时的冲击力。正是学生能否利用降落伞的提问，引发了我从整体研究加装多层滑翔伞减少飞机降落时的冲击力的想法，从而发明“带充气垫和滑翔伞的水陆起降两栖飞机”设计方案。

（二）逻辑推理找关键

如何有效解决问题？这要从事物复杂的矛盾关系中分析和寻找出最主要的问题及其相互关系，毛泽东在《矛盾论》中的下列语录可帮助找到解决问题的关键：“任何过程如果有多数矛盾存在，其中必定有一种是主要的，起着领导的、决定的作用，其他则处于次要和服从的地位。因此，研究任何过程，如果存在着两个以上矛盾的复杂过程，就要用全力找出它的主要矛盾，捉住了这个主要矛盾，一切问题就迎刃而解了。”研究问题要通过逻辑推理找出主要矛盾作为解决问题的关键，逻辑推理是由一个或几个已知判断推导出新的判断，其过程是从分析问题开始推导出新的判断，从而找出主要矛盾作为解决问题的关键。如春运难表面的矛盾是运力不足，再进一步深入找运力不足的原因就会发现，如按春运需求配置运力又会造成平时运力闲置，这就是春运难的主要矛盾，如果解决了这个主要矛盾，春运难就迎刃而解了。高楼救火难的主要矛盾是消防车的救火高度不够，如解决这个主要矛盾，高楼救火难也就迎刃而解了。发展航母的主要矛盾是投资太大，如果跟在外国人后面走外国人的老路进行研究，就无法解决这一主要矛盾，如能创新研制军民两用航母就能解决该主要矛盾，发展航母难就迎刃而解了。如柳州规划建设城市轨道交通的主要矛盾是国内现行轨道交通投资较大，超过了柳州目前的投资能力，而选用轨道内燃公交车直接在闲置铁路运营，规划新建并研制悬挂式单轨交通，就能解决该主要矛盾。

（三）广开思路多设想

广开思路是钱学森成功秘诀中的关键词，在研究解决问题的方法时，要有心潮逐浪高的激情，要用“头脑风暴法”大胆广开思路，设想多种方案寻找解决方法。研究问题需要创新，也需要丰富的想像力，有丰富想像才能打破传统的束缚，才能解决问题。爱因斯坦说：“想像力比知识更重要，因为知识是有限的，而想像力概括着世界上的一切，推动着进步，并且是知识进步的源泉。”爱因斯坦本人就是从“如果一个人以光的速度追赶一条光线运动”的想像出发，终于创立了轰动世界的“相对论”。想像是人类探索认识自然和社会的重要思维方式，可以说，没有想像就不会有创新。想像可以天马行空、漫无边际，创新想像是自主创造的过程，是既从实际出发又异想天开。没有想像力的人无法用新眼光和角度看问题，也不能从司空见惯的现象中发现新的线索，也就无法创新。

灵感是在创造过程中达到高潮阶段出现的一种最富于创造的心理状态。灵感是一种突发性的心理现象，是其他心理因素协调活动中涌现出的最佳状态，是发明创新思维成功的突破口。发明创新灵感往往来自对事物的观察和想像。我的发明创新往往来自于看电视、杂志的瞬间灵感，可谓信手拈来。如我在电视上看到上海高楼火灾，直升机到了楼边却没法灭火，我便设想直升机上有射水枪就能扑救高楼的火了；我在看有关春运难的报道说再增加运力平时只能闲置“晒太阳”时，顿时就有了将客车做成集装箱住房就不用闲置“晒太阳”的设想；当我看到航母和超大船在一起时大小不差上下，就有了改造超大船成航母的设想；我在上海世博热门馆排队数小时，无奈中产生了应保留热门馆增加旅游效益的想法；看到南宁拟建轨道交通的新闻，引发我思考出柳州如利用闲置铁路就有可能敢为人先地实现城市轨道交通；看到温州拟建悬挂式单轨交通的新闻，我就上网查询悬挂式单轨交通的相关资料，发现其投资少，性能也能满足柳州需求，非常适合柳州；抓住女儿及其表妹提问题时产生的瞬间创意经加工成为重大发明专利：带充气垫和滑翔伞的水陆起降两栖飞机等。

我的上述灵感来源证明，娱乐和消遣常常是灵感的源泉，要提高创新思维的效率，要有适当的娱乐和消遣，让大脑适当放松，不能整天埋头工作和读书。要注意克服惯性思维，开拓思维宽度和广度。国外发明界存在“专家不擅长发明”的观点，从事本专业的人往往受条条框框限制，容易在惯性思维驱动下钻“牛角尖”，其思路仅局限于本专业领域放不开，坐井观天。专业局限性会阻挡人们的视野，使其在一个狭窄天地思考，很难得到解决问题的方案，也就容易失去向外界寻求新创意的机会。惯性思维阻碍创新还有群体效应，四大文明古国沦落为落后国家的重要原因之一，就是漫长历史所产生的惯性思维阻碍了创新。灵感往往产生于不受惯性思维约束的外行人中，有很多发明的案例证明了这一点。如飞行员为上下班轻松提包发明了拉杆箱并申请专利，每年获利上千万美元；犯人为逃出监狱加固雨伞，发明了降落伞成功华丽转身为发明家；花匠为加固花坛发明钢筋混凝土建造天下广厦亿万间；记者发明坦克成为陆战之王打遍天下；兽医发明轮胎代替人的双脚而走遍天下；穷画匠发明带橡皮铅笔而成为大富翁；画家发明电报成为人的“顺风耳”实现天涯若比邻；气象学家发明雷达成为人的“千里眼”发现飞机于千里之外等。上述发明都是外行人特别是用户为解决自身需求而取得的，因此应冲破“隔行如隔山”传统观念的局限，树立“隔行理相通”的理念，借鉴他们的成功经验。外行人特别是用户要敢于发明创新，如果发现自己的思维总是受制于一些常规和惯例，则应敢于打破其精神枷锁，成为自由思考的人。

创新设计需要创新思维，需要异想天开，需要另辟蹊径。创新大都是通过不同学科的融合和碰撞出火花而实现的，创新思维要敢想别人不敢想的，发明专家应具备跨行业能力，转为“用户杂家”，变换思路。乔布斯就是“用户杂家”的成功典范，他说：“创新就是将不同事物联系在一起加以综合，进而创造出新的事物。”他不会计算机编程，其专业知识也只是“半桶水”，正是这“半桶水”让他没有受惯性思维制约，他天马行空般广开思路想专家不敢想，带领他的团队发明台式电脑，并与比尔·盖茨研发团队发明的电脑软件相结合，让电脑从大机构使用的系统变成个人使用的工具，犹如“旧时王谢堂前燕，飞入寻常百姓家”，从尖端研究院进入平民家庭，其后又进一步创新成大家随身携带的平板电脑和智能手机等百姓喜爱的发明。

目前，人工智能可代替人进行如下棋等需要逻辑思维的工作，但不能代替人进行想像思维，发明创新想像还得靠人来思考。创新想像是要独立设想出新形象，想像思维在发明创新中起主导作用。发明新东西，都要先想像出其外观和内容及功能等。哲学家康德说：“想像力是一个创造性的认识功能，它能从真实的自然界中创造一个相似的世界。概念、理论和方法的创新，其初始思想萌芽、假设、推导、验证和完善的全过程都离不想像思维提出前所未有新思想。”正是因为人有丰富的想像力，才造就了人类伟大的发明创造。

（四）扩展功能解难题

设计不是无根之树、无源之水，满足需求是设计的动力，需求是无处不在的，发现和挖掘需求是做好设计的强大动力。研究和处理问题的主要目的就是要得到所需的功能和效果，在原有事物的基础上扩展其功能得到新增所需的功能，和以原有产品为主体增加新的功能，“锦上添花”地改进原有事物和产品，产生新的亮点开发出适合市场需求的产品。

总结我的发明创新都是靠扩展功能来实现的：扩展集装箱功能用来解决春运难题；扩展直升机功能用来解决高楼救火难题；扩展超大货船功能用来解航母造价高难题；扩展现有陆基飞机功能成为水陆起降两栖飞机，再配置无跑道航母也可解航母造价高难题；扩展闲置铁路功能用来解决柳州轨道交通难题等。还可以扩展其他专业领域事物的功能解决本专业难题，如胃镜的发明就是跨领域功能扩展成功的案例。胃镜发明者到林中散步，看到护林工人用刚性软管插入树干中观察树中虫蛀状况，于是就把这种刚性软管观察技术加以改造而成功发明胃镜。这也是组合设计成功案例，组合设计就是把原来互不相关或相关性不强的产品、技术、方法、功能和材料等有效组合产生新的效用。这类设计往往能快速便捷地找到解决难题的突破口。

（五）优选方案出妙计

优化设计的目标是寻求卓越，寻求最优化，寻求满足预期目标的最佳设计结果。通过广开思路设想出不同的解决问题的方案，从总体上大致估算各方案是否可行，并对这些方案进行对比选出最佳方案。还可以取长补短，综合各方案优点组成新的最佳方案。方案选择有准备、分析、估算、选定等环节，首先要搜寻资料作为分析的依据。通过上网搜索寻找是否有与自己方案相近的成功案例，作为证明自己方案可行的依据。借鉴别人成功经验为我所用产生效益，这也是创新。发明人往往很痴，总固执地认为自己的发明最好。发明创新固然需要执着，但不能固执己见，有所弃才有所取。要听取别人的正确意见，不断完善自己的方案。爱迪生说："应当习惯地密切注意他人成功所采用的新奇有趣的创意。"像钱学森这样的大科学家都能虚心听取别人的正确意见改正错误。1964 年，有位青年教师给钱学森写信，指出他论文中的一处错误，钱学森立即回信感谢并建议他将修改意见写成文章，发表在由钱学森主编的《力学学报》上。

我研究直升机救火问题时，曾考虑用车载专用无人直升机救火方案，经与上海消防局专家沟通及进行方案对比后发现，扩展现有直升机功能用于高楼救火更为可行。我研究航母问题时，曾考虑用拖轮牵引大浮船串联组装航母方案，后来了解到此方案与美国正在研究的浮岛式航母相似，于是进一步研究了比美国浮岛式航母更高明更好的方案。

三、"金点子"创新实现

"金点子"创新实现就是把设想创意变成现实，把想出的好点子通过寻求各方帮助并抢抓机遇创造条件，逐步实现成功目标。这往往需要相当长的艰难曲折争取过程，仅靠自身能力和条件难以实现。创新不能停留在设计创意阶段，它必须延伸到成功实现成果的最终价值。想起好创意仅仅是万里长征走出的第一步，实现创意的路更漫长，实现起来更艰难。如果没有朝着目标努力，无法得到他人对自己创意的理解和认同，不能寻求与他人合作实现自己的创意，这就等于种子没有适当地播种，只能干枯萎缩。正如比尔·盖茨所说："养成'立即行动'的习惯，你的人生将变得更有意义。切实执行你的梦想，以便发挥它的价值，不管梦想有多好，除非真正身体力行，否则，永远没有收获。"要为实现创意做好谋划，从设想出好创意开始，将实现创意方案进一步具体化，使其具备可操作性，并寻求合作实现创意，这样好创意才能有成功的原动力，所设计的创意方案才能实现。在实现创意的过程中，可能会遇到意料之外的新情况和新问题，以及各种干扰和阻碍，这时需继续努力解决新问题，克服干扰和阻碍，努力寻求实现创意。

"金点子"的创新实现应着重把握好以下方法和技巧。

（一）申请专利保权益

在完成创新设计后的第一件事就是申请专利，不适合申请专利的创新方案就上网发帖公布，其作用都是首抢发明权。注意要在取得"申请专利受理通知书"后才能公布其设计，否则会影响其新颖性。一般人对申请专利有误解，以为只有做成样品才能申请专利。其实只要设计出新发明的产品和设计方案就能申请发明专利，其中设计的新产品还能申报实用新型专利。申请专利只需粗略估算是否实用可行，而不需精确计算作为专利的依据。

本书附录 A 是作者申请专利范文汇编，可供读者申请专利参考。申请专利与审查的程序参见下图。

申请实用新型专利流程较简单，只需初审合格即可，审查时间也较短，约需半年。申请发明专利条件较高，审查较严格，需一年以上。因此，应在申请发明专利的同时申请实用新型专利。申请专利除可以保护权益外，其重要的作用还有通过得到专利来证明自己的发明是可行的，当然能否实现其价值还有待市场检验。另外，专利证书对评职称、谋取较好工作、争取破格升学及证明发明创新能力等都有一定帮助。

（二）广泛宣传造影响

在完成专利申请后，努力宣传自己的发明创新争取得到人们关注，

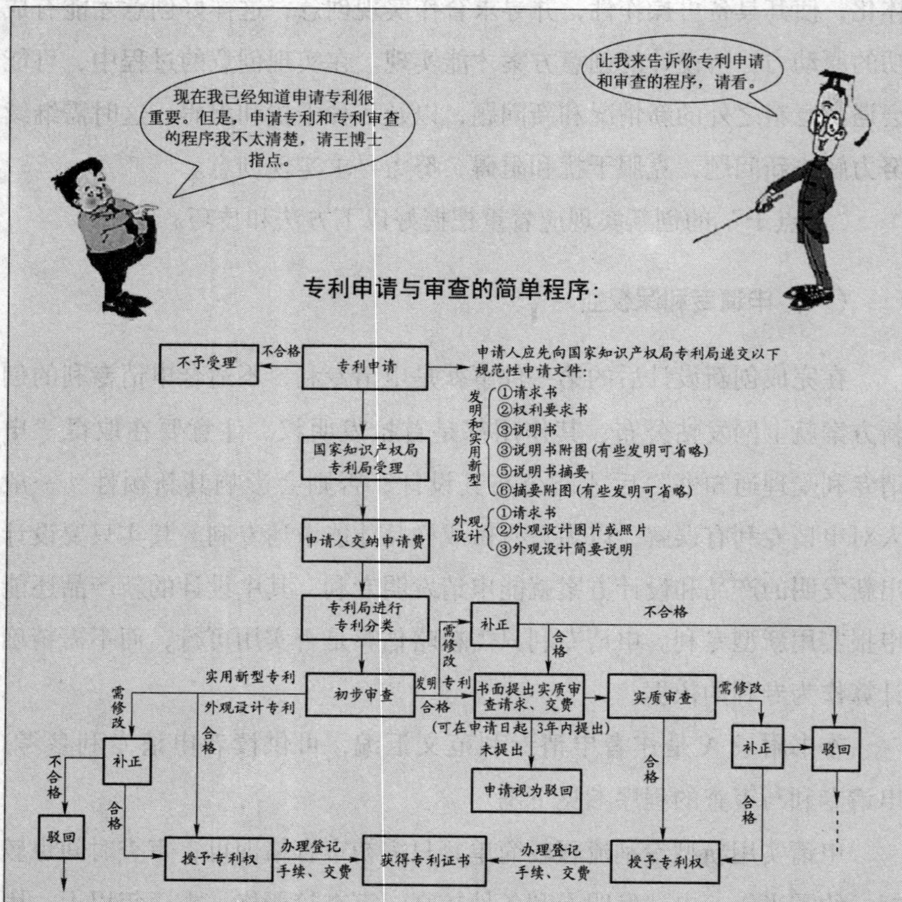

可通过上网发帖、微博、向各种媒体投稿和争上专题节目及著书立说等方式公开宣传自己的创意，以赢得读者的支持，如有条件还可制作并播放演示自己创意的计算机模拟动画等。乔布斯成功途径之一就是不断通过出色演讲宣传其发明创新争取用户，每当有重要新产品发布，乔布斯的首选方式就是公开亮相作演讲，尽可能争取以演讲方式宣传其发明创新。

我参加了柳州百姓宣讲团宣传发明创新。《柳州日报》于2012年5月2日在头版和第5版以标题《龙城牛人：设计新式航母》报道了我的发明获奖和业绩；柳州电视台在新闻播报节目以《草根发明家》为题报道了我的发明获奖及业绩，并播放《发明达人刘佳》专题片等，达到了一定的宣传效果。要尽可能用通俗易懂的方式描述自己的创意，把创意内容写成言简意赅的摘要和说明，尽量避免用一般群众难懂的专业术语。在市场经济条件下，“酒香不怕巷子深”已是陈腐观念，连茅台和五粮液等顶级名酒都需要大做广告。要通过不断宣传自己创意扩大知名度，为营销自己的发明创意创造有利条件。著名影星成龙说：“要想法子让别人注意到你……”

专利申请公布后，找上门出钱拉广告的信会像雪片般飞来，甚至还有骗子以买专利之名骗钱，对此要保持清醒的头脑，避免上当受骗。

（三）多方联系寻“伯乐”

作为初出茅庐的无名小卒，要想成功，需要得到“伯乐”帮助。华罗庚当初如没有熊庆来等“伯乐”提携有可能还是中学教师；赵本山当初如没有姜昆等“伯乐”推荐有可能还是民间艺人。要根据自己发明创新的类别，通过在网上征民意或向领导信箱发电子邮件的方式，积极向有关领导、企业家及专家权威等上书。但目前网上问政参政，也存在“小人物”有价值而合理化的建议不能送到领导手中的情况，也就无法实现其应有的价值。因此必要时可大胆直接向领导汇报自己的创意，寻求“伯乐”支持。我的“利用闲置铁路运营城市轨道交通”的建议曾多次以多种渠道上报市领导都没有奏效，我的“推进建设平陆运河”的建议甚至以公文方式转给我来答复，变成了自问自答。为了能抓住2009年12月4日通过市长“金点子”热线电话直接向郑俊康市长汇报的宝贵机遇，在我最亲爱的母亲去世的第二天，我强忍悲痛流着眼泪第一个拨通郑市长“金点子”热线电话，直接向郑市长汇报利用闲置铁路运营城市轨道交通的建议，非常荣幸获得了郑市长这位“伯乐”的好评并采纳。

我亲身体验到草根创新的艰难，期盼有贵人相助。“千里马”常有，“伯乐”难求，我求领导多“伯乐”，不拘一格识人才，学习钱学森甘为人梯热情培养和提携年轻人，善当“伯乐”发现有造诣和有潜质的“千里马”，既委以重任又严格要求，指导和培养大批“千里马”。以下列举钱学森善当“伯乐”发现“千里马”的典范案例。

1964年中国自行设计的第一枚中近程导弹试验发射时，导弹射程不够，打不到落点。专家们都在考虑，怎样再给运载火箭肚子里多添加点推进剂，可无奈火箭的燃料贮箱有限，再也“喂”不进去了。刚出校门不久的王永志说：“经过计算，要是从火箭体内卸出600公斤燃料，这枚火箭就会命中目标。”大家的目光都聚集到这个年轻人身上，他的中尉军衔是在场所有人中最低的。专家们都认为不可行，是痴人说梦话。有人不客气地说：“本来火箭射程就不够你还要往外卸燃料？这就像汽车行程不够，你不加油反而往外卸油？”王永志说：“虽然燃料减少，但燃料占导弹自重量的大部分，同时因导弹自重减少其燃料消耗也减少，反而可以使导弹射得更远达到预定射程。这与汽车行程不够，要加油不能往外卸油的情况不同，因为汽车油箱重量远小于汽车自重。”但没有人能理解他的建议。王永志看导弹不能及时发射，而自己想出妙计却无慧眼赏识，无奈的他想起了技术总指挥、大科学家钱学森。年轻气盛的王永志鼓起勇气拜访钱学森，汇报了自己对火箭加注燃料的分析，并提出了计算结果，从箭体里卸出600公斤酒精推进剂，可以使导弹射得更远达到预定射程。钱学森听得很认真，并不时向他提出问题。

王永志充满自信地汇报了自己的分析思路后，钱学森说：“行，我看这个办法好。把火箭的总设计师请来。”钱学森指着王永志对这个型号的火箭总设计师说：“这个年轻人的意见对，就按他说的办！”火箭卸出一些推进剂后，射程变远了，导弹发射成功，标志着中国运载火箭取得了关键性的突破。接着连打三发火箭，发发命中目标。当时钱学森站在发射场说：“如果说过去我们还是小学生的话，现在至少是中学生了。”正是这个特殊的事件，“千里马”遇上了“伯乐”，钱学森的关心和培养使王永志有了施展才华的机会。王永志后来成长为载人航天工程首任总设计师并荣获国家最高科技奖。也正是传承钱学森善于发现和大胆使用年轻人的好传统，如今中国航天事业年轻人才辈出，大量年轻人挑起了大梁，续写辉煌。

（四）挫折中磨炼改进

创新需要有让人了解接受的客观过程，任何创新都会碰到冲破传统阻力的问题，创新的过程不可能一帆风顺，其间肯定有困难和障碍。如同考验耐力的马拉松赛跑，创新需要有坚韧的意志和乐观的心态应对各种困难挑战，在困难的时候要看到前途和光明，而想出“金点子”则是助其实现创新的星星之火。这里借用毛泽东《星星之火，可以燎原》中的精彩语句来描述“金点子”实现的愿景：“它是站在海岸遥望海中已经看得见桅杆尖头了的一只航船，它是立于高山之巅远看东方已见光芒四射喷薄欲出的一轮朝日，它是躁动于母腹中的快要成熟了的一个婴儿。”在挫折中不断磨炼改进自己的创意，使其更为完善去争取成功。“金点子”须不断磨炼才能出“真金”，“金点子”如同宝剑越磨越利，“金点子”如同金矿越炼越纯。是金子总会发光，真正的“金点子”总会成功。

发明创新常常与众不同，甚至是天马行空独来独往，如果都与众相同就不是发明创新了。发明创新没有成功以前，总有人说是异想天开，对此要认清自己的创新价值，咬定青山不放松，保持众人皆醉我独醒的自信。创新者应坚持勇敢自信地构思，坚忍不拔地逆流而上。比尔·盖茨对挫折失败与成功的关系有精彩的论述：“当你在事业上遇到挫折，有“打退堂鼓”的念头时，你应该加以注意，这是最危险的时候！坚持下去，成功就在下一个拐角处等着你。获得成功有两个重要的前提：一是坚决，二是忍耐。只要有坚强的持久心，一个普通平凡的人也会有成功的一天，否则即使是一个才识卓越的人，也只能遭遇失败的命运……失败是不可避免的，但只要坚持到底，总能收到意想不到的成效。失败并非坏事，一次失败能教会你许多，甚至比你大学里所学的还有用。人们所认识到的成功者往往经历了更多的失败，只是他们从失败中站起来并继续向前。我们应该接受迅速失败，而不是缓缓失败，最不该接受的则是没有失败。如果有人从不犯错误，那只能说明他们努力不够。失败的结果是试图去尝试其他的可能。巨大的成功靠的不是力量，是韧性。社会竞争常常是持久力的竞争，有恒心和毅力的成功者往往成为笑到最后和笑得最好的人。”创新失败是成功之母，爱迪生在经历了1 000多次失败后才发明了电灯，记者问他：“你都失败1 000多次了，还在继续努力，这是为什么呢?”他回答：“我不是失败1 000多次，而是成功了1 000多次，每一次你们认为是失败的经历，在我看来都是成功。”王永庆说：“对我而言，挫折等于是提醒我，某些地方疏忽犯错了，必须运用理性，冷静分析，以作为下次处事的参考与借鉴。这样便能以正确的态度面对人生所不能忍的挫折，并从中获益，挫折的杀伤力就等于锐减了大半。”要笑对挫折，挫折就能铸就成功。从这个意义上来说，过早成功不一定是好事，过早沉湎于成功的喜悦中而停止创新就难再有成就。人生太顺也不一定是好事，一旦遭遇挫折就难以承受，就像高速行车突遇障碍容易翻车一样。因此自古英雄多磨难。

"阳光总在风雨后"，"不经历风雨，怎么见彩虹，没有人能随随便便成功。"创新成功之路是长远的，不能急于求成，否则欲速则不达。心急吃不了热豆腐，必须沉得住气，不断努力探索，正如屈原名言："路漫漫其修远兮，吾将上下而求索。""金点子"就如同美酒，越存越香，因此要学会忍耐。

（五）参加比赛求成功

如同运动员和演员等通过参加比赛争取成功之路一样，创新者也可参加各类发明创新比赛、设计比赛、建言献策和问计于民等活动，以此作为争取成功的突破口和有效途径。参赛争取获奖是手段不是目的，其目的是寻求取得创新成功的突破，为实现创新创造有利条件和寻求有效途径。获奖证明其创新价值得到认可，也为获奖者的创新起到宣传的作用，另外，可充分利用获奖成果，总结经验著书立说，进一步广泛宣传扩大影响。借鉴原子能链式反应原理，利用一个项目获奖带动宣传其他项目，从而促进各个项目成功。

人们向来习惯以成败论英雄，比赛获奖项目主要是已成功项目。但对于靠个人能力难以实现而又有较好效益的创新发明方案、创意也应予以重点关注。建议参加多种形式的发明创新比赛，特别是参加创新发明方案创意专项比赛，大胆设想自己做不了但寻求各方帮助能做成的创新发明方案创意。

目前我国急待营造良好普及到社会各领域的创新竞争文化氛围，为真正有价值的发明创新提供更有效的平台和途径，这是我国争取实现创建"创新型国家"的一个非常重要的方面。

借鉴日本的发明电视节目：参加者的创意如得到了观众的赞许和评委通过，就可获得奖励，这对于鼓励全民发明创新很有好处，也是促进创新竞争文化氛围的好形式。

第三章　作者的创新曲折经历

人类进步不可或缺的条件就是一往无前、永不停顿的精神和对现状的不满。“知足者常乐”可用于生活不如意时的自我安慰，但不宜用于对事业的追求。对事业要有“不知足者常思”的意境。正是对现状的不满和对事业的追求激发我一直努力探索创新去寻求成功。创新成功的机遇常常会落在有准备的人的肩上，机遇的大门只为坚韧不拔者打开，我已为此准备和奋斗了长达二十七年，经历了充满失败和挫折的创新曲折之路。

一、上书钱学森建议试行社会主义管理竞赛

1983 年，我从大学毕业后到汽车修理厂跟班实习了一年，在这期间我利用大学做毕业论文时了解到的一项国外汽车节油技术进行了上路试验，虽然没有成功，但我觉得这种勇于创新实践的闯劲还是很可贵的。当时，我所在企业的领导很看中我的这股闯劲，我积极向他汇报一些建议也常得到他的好评。通过工作实践，我感觉当时我们的管理很落后，当我看到钱学森有关系统工程的文章后深受启发，就写了一篇文章《系统工程与经济体制改革》，提出用系统工程科学方法进行经济体制改革，试行社会主义管理竞赛，以竞选方式选拔管理人才。不仅选主要领导者，还要选出相应的管理团队，也就是由当选的主要领导在参选的竞争者中选拔人才“组阁”，根据各人的特长安排合适的岗位工作。该

建议在当时很超前。我的社会主义管理竞赛的设想，与目前竞争选拔人才的方式有相似之处，可以说得到部分实现。我的社会主义管理竞赛的设想源于在电视上看到当时美国总统与竞争对手进行的电视辩论，也借鉴了社会主义劳动竞赛和列宁的论述："社会主义不仅不窒息竞赛，反而破天荒第一次造成真正广泛地、真正大规模地运用竞赛的可能，把真正大多数劳动者吸引到这样一个工作舞台上来，在这个舞台上，他们能够大显身手，施展自己的本领，发挥自己的才能。"也就是说，竞赛和竞选本身是一种方法，资本主义制度可以用，社会主义制度同样也可以用，而且还应是社会主义民主发展的方向。随着我国政治体制改革的逐步深入和社会主义民主的不断发展和完善，我相信社会主义管理竞选的设想将进一步得到全面实现。

二、上书武汉市市长建议用水浮力桥墩加宽改造武汉长江大桥

我在去北京上书钱学森的火车上，听说武汉要建长江二桥缺钱，于是就产生了加宽改造武汉长江大桥可省钱的想法。在火车过武汉长江大桥时，我特别注意观察了大桥的结构。我构思的设计方案是：在武汉长江大桥现有桥墩的外围装上水浮力桥墩，并以此为基础加宽改造武汉长江大桥。我因此上书当时的武汉市市长报告我的建议，令我欣慰的是武汉市规划局专门发文件将我的建议提请铁道部大桥工程局论证。虽然论证的结论是不可行，但我仍认为建设水浮力桥墩是个值得探讨研究的课题。后来我还对武汉要建的长江二桥的桥位进行了研究，还到武汉长江天兴洲岛进行实地勘察，现在这里已建成了武汉天兴洲路铁两用长江大桥。此外，我还上书给柳州市市长提出加宽柳江大桥的建议。我也由此对架桥产生了兴趣。

三、建议文惠桥、三门江桥用江岸山体为天然桥塔架设悬索桥

右图是美籍华人林同炎大师巧夺天工的设计：以山为天然桥塔斜拉桥效果图。受此启发我曾建议三门江桥和文惠桥分别用江岸山体为天然桥塔架设悬索桥，当时广西公路局陈总工在对我的建议给予肯定的同时也指出，由于受桥位和造桥技术限制，该建议暂时无法实现。他还把我的建议介绍给当时的柳州市交通局局长，正好那时我所在企业的领导也把我推荐给柳州市交通局局长，虽然桥未建成，但这种敢想敢干的闯劲让领导对我产生了好感，这对我调动到柳州市交通局工作起到了促进作用。现在我还坚持建议在三门江桥南侧利用江岸山体为天然桥塔架设轻轨悬索桥或斜拉桥（轻轨桥已规划在该区域），另外还坚持建议利用驾鹤山和蹯龙山作天然桥塔架设大跨度轻轨悬索桥或斜拉桥。柳州作为“桥梁博物馆”，应在国内率先建设以山为天

然桥塔架设大跨度轻轨悬索桥或斜拉桥。其实我国有些桥完全适合建设成以山体为天然桥塔架设大跨度悬索桥或斜拉桥。

峡谷中的斜拉桥（左图）就是典型案例：图中，在峡谷建起的斜拉桥桥塔完全是设计失误的产物，正确的设计方案应是利用两边山体为天然桥塔架设大跨度斜拉桥，这样就可不用建桥塔。

四、参加广州"垃圾处理问计于民"活动，建议学上海等用垃圾填海造地

我参加广州垃圾处理问计于民活动。因在广州居民聚集区建造垃圾焚烧发电厂遭到附近居民反对，我建议建海上垃圾焚烧发电厂，以避免造成对居民聚集区的污染。我又通过网上卫星3D立体地图寻找可在广州郊外山区建垃圾焚烧发电厂的地址并提出建议方案。后经认真研究并查寻有关资料，建议广州等沿海城市学习借鉴上海、东京、新加坡等用垃圾填海造地的成功做法和经验，在垃圾分类的基础上将可填埋垃圾用于填海造地。根据1991年国家科委、建设部联合公布的《城市垃圾处理技术推广项目》介绍，江泽民总书记任上海市市长时亲自视察现场调研，批准立项建设上海东海老港垃圾填埋场，1989年在上海北连长江口南距杭州湾20千米不断淤涨的东海滩涂建成老港垃圾填埋场并投入使用，实现了利用垃圾填海造地解决填埋垃圾。该项目被列为国家试点推广技术项目，项目专家组评估意见：该项技术利用滨海围地填埋处置城市垃圾，容量大（可消纳上海日产垃圾总量的一半），场地布局与

规划设计较合理，可全天候操作；该技术可在沿海同类条件滩涂地区推广应用。东京除广泛开展有价值垃圾回收利用外，还将垃圾按可燃垃圾和不可燃垃圾进行分类，分别进行焚烧发电和填海造地。每天约有 11 000 吨垃圾运到东京湾填海造地，最远的运输距离达 74 千米。日本很多土地都是将垃圾填海形成的，目前东京湾的二期垃圾填海工程还在进行。位于东京湾的台场是靠垃圾填海建设起来的现代化新城。在这个“垃圾堆”上除建有著名的富士电视台、日航酒店等设施之外，还拥有各种游览的景观，包括美丽的海滨公园、商业街、汽车展览馆、音乐殿堂和空中观缆车等。目前，日本在不断进行各种试验并找到了一些填海造地恢复生态环境的好方法，这些试验包括人造海滩、人造海岸、人造海洋植物生存带等。现在看起来很有效，各种小鱼小虾贝类已经出现在人造海滩、海岸周围，标志着环境的改善。

新加坡利用垃圾填海造地建公园也获得了成功。随着新加坡本岛最后一个垃圾埋置场被填满和关闭，实马高垃圾埋置场成为主要用垃圾填埋成的人工岛屿。整个“垃圾岛”面积约 350 公顷，规划填埋总量将达 6 300 万立方米。"垃圾岛"位于新加坡本岛以南约 8 千米处，由两个小岛相互连接围海而成。新加坡"垃圾岛"化腐朽为神奇，新加坡在规划、设计、施工、运作等环节皆考虑环保因素。"垃圾岛"相互连接的围堤并不封闭，有预留口，以便海水流动。埋置场规划有 11 个埋置区，区与区之间用围堤隔开，但却以矩形管道相通，海水可自由流通。轮到使用某区埋置垃圾时，可以先封闭水道，然后抽干该区的海水，再堆填埋置。在铺设围堤时，用高密度的塑料膜围住岸堤，确保污染不扩散。尽可能保留海藻区和珊瑚礁，在各围堤周围还种植了红树林，既可美化环境，又可对海水生态起到警示作用。没有垃圾臭味，填埋后就可铺上泥土植树种花培草。

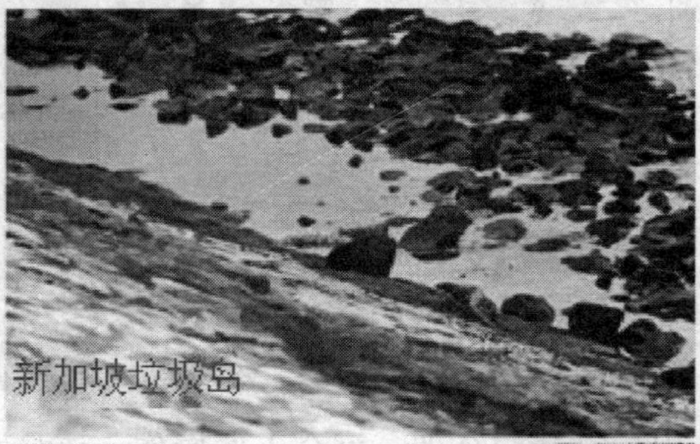

新加坡垃圾岛

东京垃圾岛

实践是检验真理的唯一标准。他山之石，可以攻玉。上述经过实践检验的垃圾填海造地成功的实例证明：在确保污染不扩散的条件下垃圾填海造地是可行的！通过垃圾分类回收将可燃烧垃圾焚烧发电、有回收价值垃圾分别利用和严重污染垃圾特别处理外，剩下的垃圾用于填海造地。建垃圾焚烧发电厂方案与垃圾填海造地方案相对比，建厂方案存在的缺点是空气污染和消耗大量燃料用于焚烧不可燃垃圾，由此产生较高的成本且政府对焚烧垃圾补贴高达每吨 140 元，而垃圾填海造地方案具有不产生空气污染和成本及能耗低、符合低碳经济要求并创造高价值临海黄金宝地等优点，与陆地建厂及填埋方案相比，所增加的成本主要是垃圾水运成本。建议广州填海造地位置选在南沙港外南端正在进行填海造地的工地。其水陆运输条件便利，距广州黄埔港约 60 千米，每吨垃圾水运成本约 6 元，比焚烧垃圾成本每吨低 130 元以上，因此不能只用焚烧垃圾一种方案，首选方案应为在分类收集处理垃圾的基础上，焚烧可燃垃圾发电。利用可填埋垃圾填海造地的方案，可有效解决广州目前所面临的垃圾处理急待解决的难题：垃圾焚烧发电厂因污染造成附近居民反对建厂和如不建厂广州每天一万多吨垃圾势必形成垃圾围城困境。因此，利用可填埋垃圾填海造地是顺应民意解决广州处理垃圾难题更有效的对策！

该建议还适用于解决其他沿海城市垃圾处理难题，详见本书附录 B。

五、建议柳州红花电站船闸改用一线船闸扩建方案

柳州红花电站船闸扩建已列入规划，急待建设，但现拟二线船闸扩建方案需要开挖 5 千米运河。我经认真研究建议在现有船闸下游扩建一线船闸，可不用挖运河，节省投资约 6 亿元和 800 亩土地。经上网查询，我找到了与我的建议方案相同的成功案例，即浙江已成功扩建的富春江一线船闸。这些证明我的建议方案是多快好省扩建红花船闸的可行方案。2009 年该建议被选入当时的以柳州市副市长张永刚为组长，市交通局徐士昆局长、卢德宏书记和市政府王福林副秘书长为副组长的课题组所编制的市领导调研成果——柳州市打造“一小时经济圈”和

“两小时经济带”对策研究。目前，我建议在此基础上进一步学习借鉴富春江一线船闸扩建的成功经验和科学方法，对红花电站一线船闸扩建方案进行科学论证，争取早日实现多快好省扩建红花船闸以适应柳州发展需要。

六、建议 BRT 车站增建带商铺地下通道

柳州快速公交 BRT 项目大部分车站都没有立体通道，造成所有乘客都必须横穿行车道乘车，存在严重的安全隐患和增加了车辆拥堵，特别是柳东大道，车速高达 70 千米/小时，这让乘客横穿行车道乘车很危险。因此我建议借鉴龙城路地下街通过开发商铺融资建地下通道的成功经验，通过开发通道两侧商铺融资建快速公交 BRT 车站地下通道，而大批乘客带来的商业机会让商铺投资有利可图，这是既保护乘客安全又不需政府投资，同时可发展商业促进就业实现多赢的大好事！

七、参加国家“十二五”规划建言献策活动，提出十多项建议

我积极参加国家“十二五”规划建言献策活动，提出了“紧急集中保留上海世博‘热门馆’构建‘世博后博览游乐园’”等十多项建议。我认为建言献策应提出有实际意义的建议，空谈误国，实话兴邦。我总是注重联系实际建言献策，这些建议详见本书附录 B。

八、建议推进建设平陆运河打通柳州至北部湾黄金水道

柳州发展很重要的一个方面就是打通柳州至北部湾黄金水道。柳州与北部湾铁路不能适应柳州发展的需求，且公路货运成本太高。运输成本最低的水路货运成本约为铁路的 70%，仅为公路 1/7，如果能建成平陆运河，使柳州水路运输出海口距离从约 1 000 千米减少至约 500 千米，就为顺应柳州市工业增长提供了低成本的运输通道，可改善柳州市与沿海城市在市场竞争中所处的交通运输条件较差的不利局面。平陆运

河还具有开辟第二条西江黄金水道的功能，南宁等地可通过平陆运河经海运航线走捷径直达珠三角，其分流作用可有效解决梧州、桂平船闸成为西江瓶颈阻碍通航的问题。该运河还有很好的供水防洪作用。可将邕江下游西津水库充足的水源通过运河提供给沿海城镇；平陆运河还可为邕江防洪提供新的分流作用，成为洪水出海的便捷通道，可显著降低南宁和沿江下游洪水水位，达到西江全流域性防洪效果。可探索由自治区和各受益城市共同协商成立股份制的平陆运河联合投资融资主体，吸引各方面投资共同参与建设和以收取过船费和供水收费等方式获取收益。

九、建议柳邕高速公路扩建应用整体顶升六景郁江特大桥方案

我在参加柳邕高速公路预审会时了解到：柳州至南宁高速公路的六景郁江特大桥改扩建，拟在已建桥梁两侧新建分离式桥梁，而要满足新航道要求，新建桥梁就必须比已建桥梁桥面高5米左右。对此，评估组专家提出将已建桥梁拆除重建的方案，然而采用此方案需增加投资上亿

元。我个人认为拆桥重建浪费太大，因此提出借鉴应用同类型桥顶升改造成功技术，将桥整体顶升至所需通航高度，这样可节省投资。广西交通投资集团总经理、广西交通运输厅规划处处长和中国国际咨询公司交通部主任等领导对该建议予以表扬与好评。

十、建议规划文昌大桥至静兰大桥汽车防洪两用隧道

借鉴马来西亚吉隆坡已经成功建成汽车防洪两用隧道（长度6千米）的先进经验，利用柳州市江流曲似九迴肠的得天独厚的自然条件，规划建设文昌大桥南侧至静兰大桥南侧汽车防洪两用隧道（长度4.2千米）。所谓汽车防洪两用隧道，就是平时作为道路隧道供汽车行驶，待防洪需要时则全部改用为分流泄洪排水隧道，这是具有交通和防洪双赢效果的现代化系统工程。该隧道将成为柳州市东西向道路交通大动脉。经初步测算，待防洪时，直径11米双层4车道隧道与两端江面3.6米的水位落差产生分流泄洪，排水流量当量约11 118立方米/秒，相当于1996年7月19日柳江实测最大流量33 700立方米/秒的1/3，可有效降低市中心区的柳江水位，提高柳州市防洪能力。

文昌大桥南侧至静兰大桥南侧汽车防洪两用隧道规划示意图

图例：▬ 表示隧道

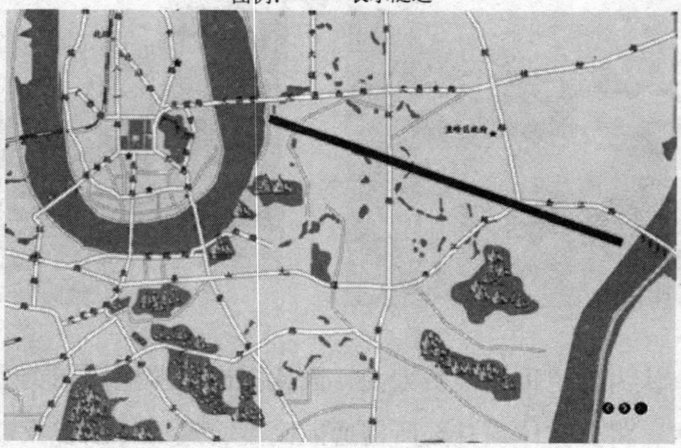

第四章 “金点子”创新选题的探讨

为帮助读者慧眼选择“金点子”创新选题，我抛砖引玉地提出下列选题供探讨。

一、推广家用炒菜机器人

有位厨师在电视上介绍他的成功秘诀是靠办培训班成功，但培训的目标不是厨师，而是想追美女的帅哥。他通过广告宣传会炒菜对追求美女的好处：美女会认为有个炒得一手好菜的丈夫会让她一生不受油烟之苦，又可省去为追美女上馆子花的钱。美女如此多娇，引无数帅哥竞炒菜！结果报名参加培训的帅哥蜂拥而至，让他赚到了第一桶金。看到他的介绍，我特别建议靠会炒菜追到美女的帅哥们想办法找“替身”把自己从厨房油烟中解救出来，该“替身”就是炒菜机器人。上海世博会已展示了炒菜机器人的样机，如果通过大批量生产把成本降到数千元从而进入家庭将会大有市场。再配套供应加工配好的整袋新鲜原料菜，放入炒菜机器人的锅内就能自动炒出美味可口的中餐菜，就像吃方便面一样快捷省事。这将保护人们容颜免受油烟和高温熏蒸之苦，让美女更漂亮，帅哥更潇洒。这是创新家庭生活的“革命”性进步，也将是继电冰箱后进入厨房的划时代家电。

二、研制农用稻谷烘干机

农民兄弟通过报刊表达了他们的迫切需求，在收稻谷时遇到阴雨天就会有大量稻谷因无法及时晒干而霉变，因此迫切需要农用稻谷烘干机。大量稻谷晒在沥青公路上，既影响行车又会让稻谷粘上沥青中的致癌物质，因此研制农用稻谷烘干机有助于解决该民生问题。

三、钱学森之问："为什么我们的学校总是培养不出杰出人才？"

"为什么我们的学校总是培养不出杰出人才？"这是钱学森晚年多次谈到的思虑，也是他人生中最后一次系统谈话："今天，党和国家都很重视科技创新问题，但我觉得更重要的是，要具有创新思想的人才。中国还没有一所大学能够按照培养科学技术发明创造人才的模式去办学，没有自己独特的创新东西，我看，这是中国当前的一个大问题。"无独有偶，我读中学的女儿在与美国学生交流后也问我："中国学生读书很辛苦，美国学生读书却很轻松，为什么中国培养不出诺贝尔奖得主？美国却能培养出那么多诺贝尔奖得主？"我认为解决这问题的关键是改革高考和大学考试的内容和方式。现提倡素质教育和减轻学生负担收效甚微，原因是：高考"指挥棒"逼得学生只能陷于茫茫题海之中苦苦挣扎。学生虽学得很苦，但大都没有学到点子上，没有学以致用，学生做了很多无用功，死记硬背的东西考完试就忘了，费九牛二虎之力做的习题大都缺乏实用价值。著名物理学家吴大猷一针见血地指出："一个人从小学、中学到大学，经过十几年填鸭式的教学训练，假若还有创作的独立见解能力和分析能力，不是人云亦云的呆板背死书者，可算是奇迹了。"填鸭式的教学注重的是灌输知识而忽视传授实际工作和创新的方法和技能。爱因斯坦说：“发展独立思考和独立判断的一般能力，应当始终放在首位，而不应当把获得专业知识放在首位。如果一个人掌握了他的学科的基础理论，并学会了独立思考和工作，他必定会找到他自己的道路，而且与那种主要以获得细节知识为其培训内容的人相比，他一定会更好地适应进步和变化。”

人们都具有创新潜能，正确的教育可激发学生的创新潜能，培养学生创新思维和能力，这正是教育改革急待解决的问题。看到现在的学生被应试教育折磨得不能正常睡觉的可怜处境，我很庆幸我的中小学是“文革”时期，未受应试教育之苦，那时我有时间看自己想看的书。如果我一直接受应试教育也许会成为“书呆子”而缺乏现有的创新能力。我初中毕业后当工人，后经高考进大学接受填鸭式的教育，我觉得中国教师照本宣科的讲课方式实在无趣，还不如自己看书。老师逼学生听课的办法是考试内容在课堂笔记中，我的对策则是临考试前抄背同学笔记应付考试，考完试后大部分都还给老师忘得一干二净。中国教师大都是从校门到校门，缺乏实际工作经验，往往也就无法向学生传授实际工作和创新的方法和技能。建议让教师到对口工作单位挂职弥补实际工作经验的缺失，以更好地教育学生。

中国高考和考研的方式与古代科举一脉相承，科举把学生思想禁锢在从四书五经取题的八股文中，高考和考研则把学生思想局限在猜题的题海中，造成学生知识面窄，高分低能，往往只会解题不会做事，缺乏研究和解决实际问题的能力，这就是我们的学校培养不出诺贝尔奖得主的关键所在。

实践是检验真理的唯一标准，也是检验学校教育成果的唯一标准。实践证明，要将学生从应试教育思想牢笼中解放出来，减轻学生死记硬背和陷入题海等方面的繁重负担，应改革考试内容、方式和评价标准，应在考试中增加创新对策和策划及设计方案类题目，通过加强案例分析教学启发讨论教学和实践训练教学等先进教育方式，培养学生分析、解决问题的能力，从而提高学生创新能力。应增设不限制考试范围的"百科知识"考试科目，引导学生博览群书，扩展知识面。比尔·盖茨在回忆儿时经历时说，他8岁起就特别喜爱看《世界图书百科全书》。这说明知识面宽的人想像力一般都丰富，开阔知识面对广开思路发明创新很有好处。我在学校成绩一般，但得过百科知识竞赛和乒乓球比赛两项冠军，现总结自己的人生经历，这两项冠军对我取得创新成功突破很有用。获百科知识竞赛冠军得益于我从小喜欢博览群书，我十岁就开始在有众多观众的乒乓球赛场上锻炼自己的胆量，这些对于培养大胆且敢为人先发明创新的品格很有帮助。上述实践经历也证明，只有改革应试教育才能更好地培养创新型人才。创新思维是开放式思维，创新应从娃娃抓起，培养他们的好奇心、求知欲和探索意识。强调填鸭式的知识传授和超负荷的作业练习，让学生没有时间运动、娱乐和看课外书，压抑了学生的创新能力，使我国学生在发明创新能力方面明显落后于国外。2012年5月28日《人民日报》第20版《中国大学生为什么不会提问》[①] 的文章中提出了下列切中时弊的观点。

青年学生要勇于挑战学术权威……挑战权威的前提，是质疑，是提问。然而，让人遗憾的是，在我们国家，"最有活力"的许多青年不会提问，更遑论挑战了。前不久清华大学教育研究所发布的一份"以学习者为中心"的研究报告表明，和美国的研究型大学相比，我国985高校的学生表现最差的就是"课堂提问或参与讨论"，在该题项上选择"从未"的中国学生超过20%，只有10%的学生选择"经常"或"很经常"。美国大学生作出同样选择的分别是3%、63%。对于提问的重

① 柏木钉．中国大学生为什么不会提问［N］．人民日报，2012-05-28（20）．

要性，爱因斯坦有一个著名的论述：提出一个问题往往比解决一个问题更重要。因为解决一个问题也许是一个数学上或实验上的技能而已，而提出新的问题、新的可能性，从新的角度去看旧的问题，却需要有创造力和想像力，而且标志着科学的真正进步。其实，不会提问的不仅仅是大学生，我们的小学生、中学生，最会说的是“是”，而不是“不”或“为什么”。为什么会这样？人们的答案可能会比较一致：填鸭式教育——或者说听话式教育。从孩子刚懂事时起，他们听到家长说得最多的一句话，恐怕非“听话”莫属。而贯穿幼儿园和中小学的填鸭式教育，更强化了孩子们的听话意识，绝大多数教师不鼓励孩子质疑、提问，他们对孩子的最大要求，是“背背背”，是记住标准答案。填鸭式教育的恶果，是使“祖国的未来”丧失了提问、质疑的思维和能力，丧失了创新所需要的想像力和创造力。许多人对教育进展国际评估组织在 2009 年做的一项调查记忆犹新：在全球 21 个受调查国家中，中国孩子的计算能力排名第一，想像力排名倒数第一，创造力排名倒数第五。没有了想像力和创造力，还谈什么创新，说什么创意？……当务之急，恐怕就是尽快改革愈演愈烈的应试教育，让教师们走出填鸭式教育的泥潭，把学生从无休止的考试中解救出来。否则，“钱学森之问”永远不会有令人满意的答案。

华人首夺诺贝尔奖之一的杨振宁说：“中国人比较勤奋。中国的留学生比起美国的学生或别国留学生，普遍讲起来有个特点，就是兴趣比较窄，还有就是胆子比较小。这与中国的教育政策、社会结构有密切的关系，不是一天两天能够改过来的。每个人对这一点要有正确的认识，然后用取长补短的办法来弥补。所以我常对中国研究生说，你们应该尽量在你们既有的基础上，向广泛的兴趣方向发展。做好孩子主要的一点是什么？我想中国的传统是说乖乖听话。我在美国看到许多成功的人之后，认为乖乖听话并不一定好。尤其在这一点上，美国的社会传统与中国的社会传统不一样，美国没有一个孩子会问'淘气好玩的孩子好不好'这样的问题。乖乖听话这个观念在美国社会里不认为是一个好的表现。我认识许多非常成功的人，他们不是好孩子，但他们后来有大成。而正因为他们不是好孩子，他们的胆子比较大，他们念中学、念大学，念了两年不念了。这在中国绝对是不能允许的，可是这些人在美国比较被容忍。而这确实产生了一些非常成功的人，比如，比尔·盖茨。他们所创造的财富，对整个世界的影响是巨大的"。美国诺贝尔物理奖获得者伯格说："不要安于书本给你的答案，要尝试下一步，尝试发现有什么与书本不同的东西。这种素质可能比智力更重要，它往往成为好学生和坏学生的分水岭。"因此，应培养学生提出问题和研究问题的能力，不能完全盲从于老师。

香港学者冯两努说："教育这东西，真奇妙，正如水一样，可以载舟，也可覆舟。读书人太多，出现了一个病——'仕途臃肿'症。学者不事生产，清谈误国，是一件严重的事……大学之后便要踏入社会，将学到的有用知识变成谋生工具。读了书而不能改变自己的生活，读书不是冤枉了吗，但可惜得很，很多人却老是往书中钻，在研究院内搞些无聊的研究，老是钻牛角尖，将本来简单明了的东西，钻得一塌糊涂，令世人不解……但社会不需要这些理论，世人要的，是如何活得好而已。知识本身，是人类克服了困难而得来的经验，本应是吸收了知识之后，令自己更高更强更勇猛。可惜的是，读书人用知识来唬人，借大学研究为名，逃避责任，不肯"落手落脚"去搞实际上的生产工作[①]。"

"什么是真正的教育？汽车大王福特是将汽车变为大众化的一位传奇人物，汽车原是贵族的专有玩物，福特实现了汽车用流水作业生产方

① 冯两努．成功不靠大学．人事天地，2008（7）：39.

法而降低成本，让汽车成为百姓的代步工具。福特是白手起家的人，真是不招人忌是庸才，成名之后，招惹了不少是非，有位记者讲福特是个不学无术的人。这句话触怒了福特，于是打起官司双方对簿公堂。法庭上为了证明福特有无学问，主审法官问福特X加Y等于几之类的问题，令福特先生啼笑皆非。福特教训他们，这类死记知识的游戏，自己手下有大把专业人才，只要一按桌头的按钮，便可得到正确的答案。懂得答题目的人不算有学问，因为这类学问帮不了成千上万的人改善生活①。”正如张五常教授所说：“不要把在学校的时间多少与学问的高低混为一谈。有些人在学校念了很多年书也没有什么学问。有些人念书不多，但学问却非同小可。”有位有成就的物理学家说：“你要问我声速是多少，我只知大概数，是每秒300多米，这类准确数据没有必要去死记硬背，如需要随时都可查询。”我认为真正的教育不是灌输知识而是传授在实际工作中创造及创新的方法和技能。正如古人云：“授人以鱼不如授之以渔”，也就是说传授打鱼方法比给他鱼更重要。毕业生就业难其实是教育成果不适应社会和市场需求的体现，特别是高学历人才过剩说明了高等教育没有培养出社会和市场需求的人才。高学历人才过剩不等于高水平高技能人才过剩，大量实际生产中的创造创新岗位急需大批能实干的高水平高技能人才。目前高等教育培养的本科以上毕业生大都只愿坐在办公室做白领，而社会上没有这么多坐在办公室的岗位用于安排。我国高等教育培养的毕业生往往只学过空洞的理论，眼高手低，缺乏实干技能，学工的不会做工，学农的不会种田，学商的不会经商等。创业教育和实践跟不上时代发展要求，造成相当多的人不思创业，都去抢机关、事业单位公务员等吃“皇粮”的铁饭碗和共挤升官的独木桥。这体现了“学而优则仕”的中国传统教育观念仍然根深蒂固，也正如冯

① 冯两努．成功不靠大学．人事天地，2008（7）：39.

两努所说的“仕途臃肿”症。教育成果应是培养出社会和市场需求的人才，这应是教育发展和改革的主要目的。

四、如何解决卖菜难即菜贱伤农而菜贵伤民的难题

卖菜难体现在两个方面：一方面菜贱伤农，另一方面菜贵伤民。其原因是流通环节低收高卖从中渔利太多。我国交通部门为运输蔬菜等食品车辆提供了免收过路费等特别优惠的政策，但菜价仍高居不下。市场调节解决不了的问题，需要政府采用调整市场价格导向的办法来解决。应探索成立政府主导的食品价格调控公司，以合理价收购、销售来引导合理市场价格。

五、捕杀—加工—销售泛滥成灾的美国鲤鱼和英国大闸蟹

善于跳“龙门”的鲤鱼在美国如同到了天堂成为“飞鱼”，不仅“江阔凭鱼跃”，甚至“天高任鱼飞”，钓鱼变成用箭射鱼。鲤鱼成了“最危险的外来鱼种”。美国投资 7.85 亿美元大规模捕杀亚洲鲤鱼，而美国人不吃鲤鱼只能作为垃圾处理，如能开发这一宝贵资源，既能解美国危鱼之急又可饱中国人口福。

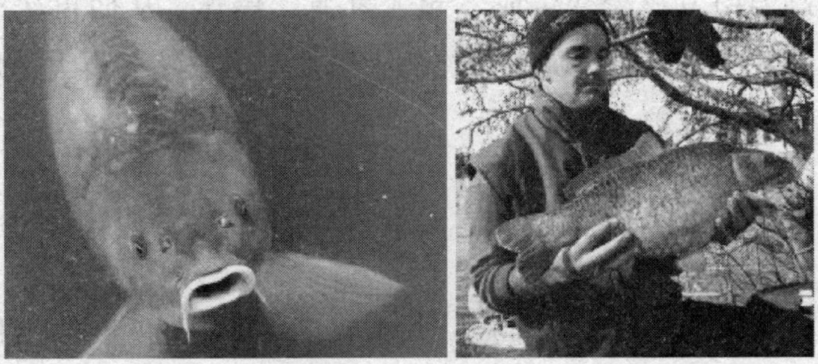

英国大闸蟹泛滥，并从英国扩散到了欧洲大陆成为公敌，被列入最有破坏力入侵物种之一。英国人不吃的大闸蟹，却是中国人的美味佳肴。因此我建议有识之士考虑开发上述美食资源。

六、研究宇宙大爆炸起源

目前，天文学家对宇宙大爆炸前的初始状态未能作出合理解释，其描述是：在爆炸发生之前，宇宙内的所存物质和能量都聚集到了一起，并浓缩成很小的体积，温度极高，密度极大（称为奇点），瞬间产生巨大压力，之后发生了大爆炸，这次大爆炸的反应原理被物理学家们称为量子物理（至今没有被解决）。大爆炸使物质四散出去，宇宙空间不断膨胀，温度也相应下降，后来相继出现在宇宙中的所有星系、恒星、行星乃至生命，都是在这种不断膨胀冷却的过程中逐渐形成的物体。然而，因大爆炸而产生宇宙的理论尚不能确切地解释“在所存物质和能量聚集在一点上”之前到底存在着什么东西。推论曾产生宇宙大爆炸的主要依据是哈伯观测发现宇宙总体呈膨胀状态，对此我认为：宇宙大爆炸就像我们节日里看到的焰火球型礼花爆炸，其膨胀总会有停止的时候，就像焰火礼花在停止膨胀后其残骸在引力作用下落到地面，宇宙在停止膨胀后其星体在引力作用下从四面八方向宇宙中心收缩，在这个过程中将出现大规模星体碰撞从而生成火热星体，最终聚集于宇宙中心，并产生超高温引发核聚变生成"超大氢弹"爆炸，从而再次产生宇宙大爆炸。因此宇宙历史是无始无终的大爆炸—大收缩—再大爆炸的周而复始循环发展的过程。

七、如何解决打车难

针对打车难的问题，可推广广州增投1 000辆高峰时段出租车用于早上7时30分至晚上7时30分营运的做法，适当增投高峰时段出租车，这样可有效缓解打车难。另外，可利用公安天网摄像监控取证对出租车拒载的行为进行处罚，以解决拒载取证难题。很多出租车和客车都是投资人承担全部成本，而持牌公司凭无偿拥有的营运权玩空手道收"份子钱"，这"份子钱"应归国有，营运权是国有资源，但目前有关政策不允许营运权有偿授予而让持牌公司从中渔利，应如何解决此难题？

八、尽可能利用柳州至防城港铁路空驶"车皮"

柳州至防城港铁路每天有约500节运铁矿"车皮"的3万吨总载重量回程空驶至防城港，防城港有大量货船回程空驶出港到沿海其他港口装货，如何利用这些巨大的空驶运力，将柳州市汽车等大宗输出工业品通过采用特制汽车可折叠集装箱架等装载方式，低成本运到沿海地区和出口国外，再通过到港地物流配送系统将所运货物分别运至各目的地，将这些具有巨大空驶运力的铁路变成黄金通道，将是值得探讨的创新选题。

九、根据中国实际推广世界银行最低评标价中标法

根据世界银行采购指南第2.48条的规定："评标的目的是在对各个

投标的评标价格进行比较的基础上，确定每个投标对借款人产生的成本。除 2. 57 条规定之外，合同应该授予具有最低评标价的投标，但不一定是报价最低的投标。”这就是所谓世界银行最低评标价中标法的法律意义上的定义。招标的本质是通过竞争获得质量最好、价格最低的承包商。按上述定义，最低评标价中标法的优点是显而易见的，可有效制约招投标暗箱操作预定中标单位和中标价利润高造成层层转包等违法违规腐败行为。探索如何根据中国实际建立与推广世界银行最低评标价中标法相适应的完善工程质量和进度的有效保证措施。如提高质量保证抵押金数确保工程质量和进度等措施。

十、如何缓解城市堵车和该不该建 BRT 公交

缓解城市堵车是复杂的系统工程，其着重点是加快交通基础设施建设、大力发展公共交通和完善交通管理。

（1）学习借鉴香港等地通过利用轨道交通规划带动轨道交通沿线区域房地产大幅升值，政府从中得到增值土地转让收入和运营公司从中得到开发房地产物业增值收益的做法。这种建设运营城市轨道交通的先进经验和模式，也可用于城市道路建设。

（2）选择本书前面已介绍的造价较低而又较容易尽快实现的悬挂式单轨交通用于规划新建城市轨道交通。悬挂式单轨交通的主要优点是造价低、占地少、不影响地面交通、运行安全、环境效应优越、适应性强、施工简便、全天候运营等。

（3）推广杭州等城市在客流量较大的公交车站附近设置自行车出租还车网点，实行所有网点通租通还自行车，即可在出发地租车到目的地还车。实行一小时内租车免费，一小时后按每小时一元计费，方便群众出行和促进旅游业发展，增加公共交通出行方式。很多有车族将会改

乘自行车上下班，有效缓解塞车状况和减少汽车尾气排放，实现低碳公交。

(4) 通过开发地下或地上人行通道两侧商铺融资建设立体人行通道，减少行人横穿行车道缓解堵车，这是既保护乘客安全又不需政府投资同时发展商业促进就业实现多赢的大好事。柳州龙城路商业街是开发地下商铺融资建设立体人行通道的成功案例。

(5) 尽可能增加交叉路口的行车道，长沙在这方面做得较好。

(6) 尽可能增加单向行车道，香港在这方面做得较好。

(7) 在堵车交叉路口尽可能建设地下立交行车通道，该方式与立交桥相比具有投资较低、对地面干扰较小的优点。柳州在这方面做得较好。

(8) BRT 公交会增加城市堵车。所谓 BRT，就是设置专用车道快速公交的英文缩写专用名称，BRT 公交就是设置其他公交车都不能用的只有 BRT 车可用的专用道。BRT 专用道使用率不高，在堵车路段会造成 BRT 专用道闲置的同时增加其他车道，包括公交车在内的大量车辆严重堵车；而在非堵车路段设 BRT 专用道用处又不大。公交优先应把握好度，提高公交专用道使用效率，让各种公交车都能用公交专用道。

十一、如何推广电动汽车

根据目前因缺乏高效电池，电动汽车只能在城市内和乡镇农村短途低速行驶的实际情况，电动汽车研制应定位于性能只适合短途低速行驶的廉价车，因可不考虑长途越野高速行驶功能，可大幅降低造车成本，再加上对电动汽车实行补贴，可吸引更多人选购用于城市内和乡镇农村行驶。为解决电动汽车充电难题，应在停车场大量配置充电装置，让电动汽车停车时就能充电，这将为大规模推广电动汽车创造有利条件。目前没有生产许可证的低速廉价电动汽车已在城镇乡村有一定规模使用，并且具有在城市发展的势头，这说明低速廉价电动汽车将有广阔的发展空间。

第五章　关于发明创新的建议

民富国强，人人有责；国计民生，人人献计。人心齐，泰山移。三个“臭皮匠”顶一个诸葛亮。百姓有才，百姓中蕴藏着丰富的智慧和妙计。充分发挥百姓的聪明才智，动员群众建言献策，共谋发展创新，对此我斗胆提出下列发展创新建议。

一、建议引融入柳至现有水厂供应全市无龙江污染的水

据报道，柳州拟引融入柳方案是在柳北建厂向市区供水，这样就会产生一个问题：仅在柳北建厂能否通过现有自来水管网向全市供水？因为水厂布局不同就有相应不同的自来水管网布局，因此只在柳北建厂不能实现通过现有自来水管网向全市供水。对此我建议将融江水直接引入现有水厂，再通过现有自来水管网供应全市无龙江污染的水，实现让全市人民免受龙江水污染困扰的目标。

二、建议研制开发微型越野车抢占城乡市场

在现有微型车基础上提高其越野性能，研制开发物美价廉微型越野车，抢先占领极具发展潜力的城镇和农村微型越野车市场。

三、建议构建鼓励创新的绩效考核机制

现行绩效考核工作存在一个问题，就是有好的创新想法都不敢提，

因为一旦提出来就会被列入考核项目，如做不成，在绩效考核时就会被扣分。这样，就形成了多一事不如少一事的机制。对此我建议绩效考核设立“主动创新项目”，失败不扣分，成功加分。邓小平任总书记时对“两弹一星”的科学家们说：“你们大胆放心地干，成功了功劳是你们的，失败了责任是我们书记处的。”创新都难免有失误，给创新者有宽松绩效考核机制是很重要的。

四、建议建立扶持“金点子”创新实现机制

建议政府支持引入风险投资机制，建立扶持“金点子”创新实现公司，鼓励群众广开思路勇于创新，扶持有实用价值的“金点子”创意实现其应有的市场价值，通过风险投资市场机制建立激励群众开拓创新和扶持实现有实用价值“金点子”创意的有效途径，为优秀创新人才脱颖而出创业创造有利条件。

五、建议江河上下游区域加强联合保护水源

君住江之头，我住江之尾。江河上下游唇齿相依共饮一江水，龙江镉污染事故警示我们：如何保护好江河水源应是当务之急！如不及时采取有效对策，待江河水源出现大范围污染再治理则为时已晚。建议江河上下游联合治理跨界污染，共同建立江河跨界流域环境保护合作机制。签订《江河跨界流域环境保护协议》，确保交界处水质符合相应水环境功能区要求；争取上级支持联合统筹规划和监管江河流域环境保护，重点联合履行流域沿岸建设项目的环境保护评审把关和监察污染排放等职责，以有效防止因局部利益损害流域环保大局的违法违规事故。充分利用上游水质与饮水安全的关系，争取吸引下游资金以 BT 等方式投资建设上游环保项目，共同保护江河水源实现共赢。

六、建议建立农村公路卫星遥感监测管理系统和推广弹石路

借鉴土地卫星遥感监测管理成功经验，建立农村公路卫星遥感监测管理系统，有效解决农村公路难以监管到位的难题，堵塞管理漏洞，切实防止虚报项目套取资金、挪用建设资金少建路，甚至不建路、虚报项目建设里程数骗取资金和虚报项目进度等违法违规行为，提供项目立项和管理先进技术手段，保障管好用好资金。

借鉴云南推广应用弹石路面的成功经验，因地制宜推广建设农村弹石路面。弹石路面具有建设养护成本低（约为沥青水泥面的1/5）和经久耐用的优点。1千米沥青水泥路面的投资就可建设约5千米的弹石路面，适合因地制宜利用有限资金和丰富石料资源加快通农村路面硬化建设进度，使更多农村提前实现通农村路面硬化。还可建设中间主要行车道为沥青水泥路面而两侧其他车道为弹石路面的混合公路，加速改善民生，促进农村经济发展，让更多农民得到党和政府的惠民帮助。

七、建议利用城市街道隔离栏做商业广告，收入用于发展公益事业

建议充分利用城市街道隔离栏做美观的商业广告，可增加大量收入用于发展城市交通等公益事业，这是既造福于民又美化景观的大好事。

八、如何结合柳州实际学好苏州

为更好地响应柳州市委市政府学习苏州和柳州要争做“广西苏州”的号召，学习借鉴苏州成功经验，与柳州具体实际相结合，探索建设有柳州特色的“广西苏州”成功之路。经考察调研，提出下列建议：

① 学习苏州工业园区经验，规划建好柳州新市区；

② 学走昆山之路加快发展县域经济；

③ 接轨沿海构建沿路沿江经济带；

④ 创造条件争取规划建设城市轨道交通；

⑤ 结合柳州实际，全方位学习苏州。

现针对柳州实际情况，建议着重学习苏州以下经验：

① 张家港精神；

② 创新激励机制；

③ 敲门式招商；

④ 统筹发展基础教育、职业教育、高等教育、成人教育、农村教育，开展中外合作办学试点，探索进行“工厂式”、“实训式”职业教学模式，初步形成较为完善的现代化教育体系；

⑤ 苏州在城乡统筹发展和推进城乡一体化的过程中，注重探索建立三次产业协调发展的机制；注重加强农业的深度开发；注重不断创新农业的经营方式；注重建立城乡就业统筹机制，城乡一体化必须以增加农民的就业为支撑、为导向；注重逐步建立城乡统一的社会保障制度；注重建立城乡改革协同推进的机制；建立一个县域经济、小城镇和新农村协调发展的机制，努力实践城镇化和新农村建设的“双轮驱动”；注重建立城乡规划的统筹机制；注重建立城乡资源一体化的配置机制，推动资源配置向农村倾斜；注重建立农民市民化的机制，切实大力提高人口城镇化的水平；注重探索建立有农民参与的新农村议事机制；注重探索城乡环境治理、公共服务共同推进的机制。

苏州的成功经验已吸引全国各地争相学习借鉴。如何结合柳州实际学好苏州？这是柳州值得认真深入探索调查研究的问题！

九、建议策划创作歌舞史诗《柳州赞歌》

借鉴音乐舞蹈史诗《东方红》、《中国革命之歌》、《复兴之路》，大胆创新策划，将柳州《刘三姐》、《八桂大歌》等已成功的山歌、对歌等艺术表现方式应用于歌舞史诗《柳州赞歌》，以柳州解放为时间起点，以歌颂柳州发展为主线，通过"柳州发展历程"、"柳州辉煌成就"、"柳州未来展望"三大板块，将具有柳州山歌、对歌等艺术特色的歌舞与现代多媒体影像舞台背景进行巧妙结合，以综合舞台歌舞影像艺术表现柳州解放后的发展历程、辉煌成就及对未来的展望。把各个时期具有代表性的歌舞和新创作的歌舞贯穿起来，艺术地展现柳州过去、现在和未来生活、工作、建设的场景，让观众受到教育的同时又具有娱乐观赏价值。

十、建议金秀县城迁到桐木镇，将办公楼改为宾馆发展旅游

金秀县城群山环绕，已无发展空间，再扩展就会破坏优美的山林生态环境。而金秀旅游资源很丰富，有很大的发展潜力，但县城已缺乏土地来建设发展旅游所需的宾馆等设施。如何解决这一难题？我建议将金秀县城迁到桐木镇，将迁出单位办公楼等设施改造为宾馆用以发展旅游。桐木镇位于距县城 28 千米的交通要道上，目前其人口已超过县城成为全县第一大镇，而周边较平坦，拓展空间较大。本建议是加快金秀县经济和社会发展的切实可行方案。

第六章　致有志创新者的建议

通过总结自己的人生经历，我对有志创新者提出下列建议。

一、致基层工作者创新建议

我曾在基层工作了八年，亲身体会到了基层工作的艰辛。在基层直接从事生产、建设、经营、管理等工作，会面临和体验到各种亟待解决的问题，如何从遇到的问题中选择创新选题并想出“金点子”实现成功？这是基层工作者创新的切入点和着重点。我也体会到基层是创新的沃土，是创新者大显身手的广阔天地，基层工作经历是成就创新的源泉。所以不要把到基层工作视为倒霉而消沉丧失信心，可将基层工作经历视为丰富人生的经历。一个人要想成就大事，一般都需要有基层工作经历。基层工作虽然艰辛，却是磨炼有志创新者意志的好机会。正如孟子所说：“天将降大任于斯人也，必先苦其心志，劳其筋骨，饿其体肤，空乏其身，行拂乱其所为，所以动心忍性，增益其所不能。”基层工作者往往有改变工作的愿望，要把这追求上进的愿望化成立志创新的动力，通过努力创新、争取好成绩帮助自己如愿成功。

二、致公务员创新建议

我做了25年公务员，体会到在本职岗位上创新很难，因为公务员的工作大部分都是执行领导的指示，往往都是以领导意见为自己意见，不能与领导持不同的意见。即便这样，还应积极主动思考创新建议向领导汇报。建议领导像我所在交通局的领导们那样以博大胸怀支持鼓励下级大胆创新和探讨问题时敢提不同意见。领导的态度影响到下级创新的形成和发展，好的领导善于启发下级创新，设想创意，有效发挥自身潜能。公务员在机关工作往往处于制高点，应在深入基层调查研究的基础上多着眼全局，提出有实际价值的意见和建议。人在高端望得远，但也往往看不清。对缺乏基层工作经历的同志，应充分利用到基层锻炼和挂职等机会，弥补基层工作经验不足的缺陷，真正深入基层工作实际，亲身体验基层工作的艰辛和百姓民生的诉求。我自己取得创新成功突破就是得益于公务员这个职业。因为公务员有较好的工作条件和较稳定的收入，无后顾之忧，这有助于在做好本职工作的前提下集中精力想自己所想和干自己想干的事。

三、致年轻人创新建议

我不主张年轻人去做"苦行僧"，他们刚出校门从令人苦恼的应试教育思想牢笼中解脱出来，没有必要再去死啃书本教条，可在工作中遇到问题再看相关书或上网搜索查询，"带着问题学，活学活用，急用现学，立竿见影"。上网搜索是很好的寻找所需信息的手段，即使不懂外语，也可利用翻译软件实现中文译外文和外文译中文，帮助自己学习。根据自己的兴趣和爱好不妨尝试"蜻蜓点水"式博览群书或上网浏览，通过电视和上网多看些知识性影视节目，这些对开阔知识面广开思路很有好处。

建议多看些成功者自传和成功经验介绍之类的书。成功人士的经历是学习创新的很好案例，了解成功者如何创新、克服挫折等成功之道，可从中得到启发。比尔·盖茨通过总结自己成功经验对年轻人忠告：

“年轻人欠缺经验，但请不要忘记年轻是你最大本钱。不要怕犯错。也不要畏惧挑战，你应该坚持到底，在出人头地的过程中努力再努力。在年轻的时候，你能够感觉到自己比周围的其他人更擅长做某事，是一件非常有积极意义的事情。你应该首先了解你的能力范围和擅长的领域，然后把你的时间和精力投入其中。我很幸运，年纪轻轻就发现了自己的兴趣，而且它令我非常着迷，至今仍是如此。在学校可能有赢家输家，在人生中却还言之过早，学校会不断给你机会找到正确的答案，真实人生中却完全不是这么回事。我没有完成学业，因为我当时所处的情况特殊，使我感到自己不能再待下去……”比尔·盖茨的文凭只是中学，他因为发现创业良机从哈佛大学退学，这有其特殊性，不能轻易模仿。对此，比尔·盖茨说：“我鼓励人们还是要完成学业，除非有一些非常紧迫的，或者是不容错过的事情。完成所有学业要好得多。”年轻人要尽早发现和经营自己的长处，很多创新成功者都是在年轻的时候取得成功的。别人能行我为何不行？因此年轻人要树立敢于大胆创新求成功的信心和勇气。刚出校门要注重多实践培养实际工作能力，既要认真脚踏实地又要大胆地探索创新。要利用对现状的不满和对美好人生的追求激发自己立志，如把遇到的工作不理想和失恋之类的烦恼化成追求创新成功的动力，一旦成功可为自己找到好工作和好恋人创造有利条件，同时也是摆脱烦恼的好办法。

成功的重要因素是有能屈能伸的坚强意志，现在城里长大的年轻人大都是独生子女，从小就被父母家人无微不至体贴照顾，成了“温室花朵”，往往缺乏能屈能伸的坚强意志。人们又把大学生比做天之骄子，更让大学生们有太多的优越感，造成了这些年轻人难以经受挫折。年轻人走上社会，领导和同事不会像自家人那样娇惯自己；年轻人到了社会，不能再做“温室花朵”，要做“历经风雨考验的泰山顶上青松”。

因此要注意磨炼自己能屈能伸的坚强意志，坚强地面对各种挫折和挑战。著名影星成龙这样自述其磨炼能屈能伸的坚强意志的成功经历："我是6岁从默默无名小演员做起的，最开始的时候我只能演死人，第一次演的时候，导演狠狠地骂我，'不要动，你已经死了，肚子还动什么'，这时候我很沮丧，觉得自己居然连死人也演不好。后来我开始细心地琢磨，什么时候应该吸气，什么时候应该闭气，什么时候镜头会对准死人，该怎么死，这样，一次又一次，我终于成了'死'得最好的人。我当年的梦想是做一个武术指导，因为我觉得他很威风。要做一个武术指导就要先懂得镜头，我做了两年拿镜头的人，扛了两年镜头。那时候电影圈武行有一个很有名的人，他地位很高，有许多小弟、跟班，我也混在中间，算是小弟的小弟。为了能让他注意我，当我知道他来片场铁定要经过哪些地方时，我就每天都站在那里，在他面前露一脸，让他看见我，后来有一天他终于停下车问了我一句，'你是跟我的吗?'我说是。于是他让我上他的车，一路上我坐得很规矩，什么也没说。到片场以后他让我帮他擦车。我这一辈子就没擦过这么干净的车，每个缝隙，都用牙签来挑干净。后来他就每天都接我上班，我每天都帮他擦车……最后我终于成了这位武术指导身边的红人。我不是教你们拍马屁，可是搞艺术的人就是要想法子让别人注意到你。"

四、致中年人创新建议

人到中年万事忙，工作中挑重担，家中上有老下有小。中年是最繁忙、负担最重的时期，也是最出成果的黄金时期。中年人虽比年轻时增长了经验和成熟，但却往往减少了勇于创新的锐气和胆量，从"初生牛犊不怕虎"，变成"一朝被蛇咬，十年怕井绳"。知识阅历渐长所伴随的惯性思维也往往阻碍创新。岁月和挫折也往往会磨钝自己个性的棱角而减少锋芒。穷则思变，富则求安，已富中年人创新求变的激情和冲劲往往有所减退。上述“中年期并发症”是中年人应注意克服的。

中年人在繁忙中往往只顾解决眼前的问题，特别是注重如何增加收入而忽视了寻找创新灵感和良机，因此劝中年人在繁忙中要注意抓住探索创新成功的良机。对此我也有遗憾的教训。我在中年时期除工作外主要注意研究投资股市和房地产，虽然有所收获，但却没有注意抓住探索创新成功的良机。美国“9·11”火灾时我看电视实况，当时只关注灾情而没有去想直升机救火，直到上海高楼火灾看见同样场景出现时才想发明，但已晚了十年。中年人要注意辩证处理好创新与升官等追求进步的关系。创新既能出奇制胜帮助升官，但也会有一定风险。所以中年人要慎重地选择有把握的创新，对风险较大的创新可考虑留到将来再做。

五、致年过五十同龄人创新建议

有句“顺口溜”形容我们年过五十的生不逢时：生下挨饿、读书停课、毕业下乡、回城待业、结婚生单、工作下岗。几乎所有折磨人的事都让我们碰上了。光阴似箭，日月如梭，人生苦短，一转眼我们就到了退居二线的年龄。但要记住，年过五十也可以继续发光发热。我取得成功突破的发明都是在年过五十之后，年过五十还可以“二次创业”改变自己的命运。据有关统计，取得成功年龄的高峰期是25～55岁，年过五十还来得及赶上通向成功的末班车。毛泽东的诗词写得好：“多少事，从来急。天地转，光阴迫，一万年太久，只争朝夕。”现在到了我们共同努力只争朝夕的时候，如同形容青年为青春，年过五十壮年则为金秋，是人生收获的黄金时节。毛泽东把青年人比作早晨八九点钟的太阳，我把年过五十壮年人比作午后两三点钟的太阳，正是阳光最炽热时。

青山在，人未老。人不用脑就容易思想僵化导致老年痴呆，与其做"老油条"游手好闲，无所事事，未老先衰，不如"老夫聊发少年狂"重整旗鼓，东山再起，另谋出路。与其被淘汰，不如自我创新。与年轻人相比，我们也有自己的优势，历经磨炼我们意志更坚强，丰富的人生经历让我们拥有了学校学不到的智慧和技能，我们应该用好这些宝贵财富，好好总结经验体会。过去可能有些想法因怕影响自己升官不敢做，如今升官无望"无欲则刚"，可大胆去做；过去可能有些想法因自己工作太忙和家务缠身没有时间去做，如今工作较轻松，儿女已长大有时间可去做，再大胆广开思路谋划如何实现自己人生新的成功突破，为自己"一生有为"闯条路。

有志创新的同志们，就让我引用郭沫若《科学的春天》中精彩语录作为结尾："请你们不要把幻想让诗人独占了。嫦娥奔月，龙宫探宝，《封神演义》上的许多幻想，通过科学，今天大都变成了现实……既异想天开，又实事求是，这是科学工作者特有的风格，让我们在无穷的宇宙长河中去探索无穷的真理吧！"

附录A　作者申请专利范文汇编

（供读者申请专利参考）

A.1　“客车住房两用集装箱设计”发明专利和“运载客车住房两用集装箱的公路客车”实用新型专利范文

“客车住房两用集装箱设计”
发明专利说明书摘要

利用现有火车平板车和汽车集装箱平板车等装备作为运输平台，按相应尺寸设计研制类似火车软卧车厢的综合客车住房两种功能于一体的集装箱。春运及节假日等客运需求量大时将多个该集装箱装载于火车平板车和汽车集装箱平板车上组成临时旅客客车，火车客车还加装火车客车车厢之间的连接封闭接口装置；平时客运需求量较小时该集装箱与所配套钢结构楼梯架模块组装成“活动楼房”，作为农民工等临时公寓及宾馆等设施。从而有效解决春运及节假日期间因客车供不应求造成购车票难，特别是购长途火车票难，如按春运客运需求量配置所需客车又造成平时大量客车闲置的难题。该集装箱还可作为临时住房用于安置灾民等。

“客车住房两用集装箱设计”发明专利的附图

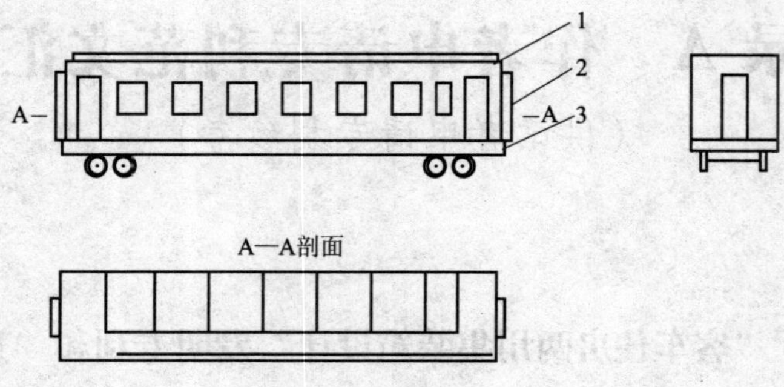

图 1

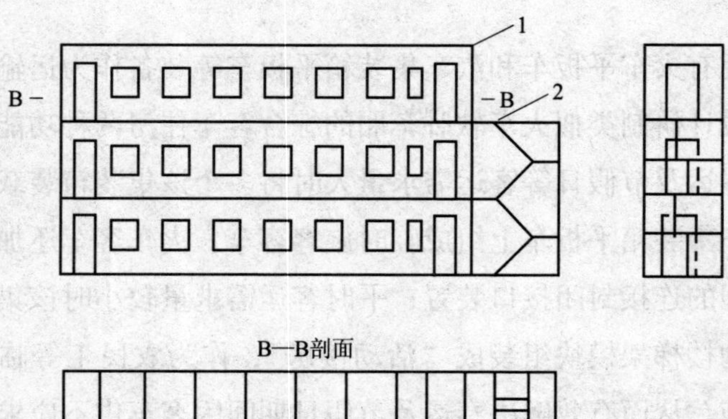

图 2

“客车住房两用集装箱设计”发明专利的说明书

“客车住房两用集装箱系统设计”方案

所属技术领域

[001] 本设计方案涉及综合客车住房两种功能于一体的集装箱，平时作为住房，春运及节假日期间客运需求量大时改为临时客车的系统设计方案。

背景技术

[002] 目前急待解决春运及节假日等客运需求量大时因客车运能供不应求造成购车票难，特别是购长途火车票难的难题，但如按春运及节假日期间的客运需求量配置所需客车又会造成平时大量客车闲置，因此现迫切需要创新研制综合客车住房两种功能于一体的集装箱，平时作为住房，春运及节假日等客运需求量大时改为临时客车。

发明内容

[003] 为了及时有效解决春运及节假日等客运需求量大时因客车运能供不应求造成购车票难，特别是购长途火车票难，但如按春运及节假日期间的客运需求量配置所需客车又造成平时大量客车闲置的难题，本设计方案提供了综合客车住房两种功能于一体的集装箱，平时作为住房，春运及节假日等客运需求量大时改为临时客车的系统设计方案。

[004] 本项发明所采用设计方案是：利用现有火车平板车和汽车集装箱平板车等装备作为运输平台，按相应尺寸设计、研制类似火车软卧车厢的综合客车住房两种功能于一体的集装箱，春运及节假日期间客运需求量大时将该集装箱装载于火车平板车和汽车集装箱平板车上成为临时客车；平时客运需求量较小时该集装箱则作为农民工等的临时公寓及

宾馆等设施，从而有效解决春运及节假日期间因客车供不应求造成购车票难，特别是购长途火车票难，但如按春运及节假日期间的客运需求量配置所需客车又会造成平时大量客车闲置的难题。

附图说明

［005］下面结合附图对本发明客车住房两用集装箱系统设计方案作进一步说明。

［006］图 1 是客车住房两用集装箱作为火车客车系统设计方案示意图。图中 1 为客车住房两用集装箱，2 为火车客车车厢之间的连接封闭接口装置，3 为火车平板车。

［007］图 2 是客车住房两用集装箱作为住房系统设计方案示意图。图中 1 为客车住房两用集装箱，2 为钢结构楼梯架模块。

具体实施方式

［008］利用现有火车平板车和汽车集装箱平板车等装备作为运输平台，按相应尺寸设计、研制综合客车住房两种功能于一体的集装箱，春运及节假日期间客运需求量大时将该集装箱装载于火车平板车和汽车集装箱平板车上成为临时客车。该集装箱类似火车软卧车厢，设置有卧室、公共卫生间和通道等设施，作为火车客车还加装有火车客车车厢之间的连接封闭接口装置，以实现多个该集装箱装载于火车平板车上串联组成临时旅客列车，同时还配置与其配套的餐车集装箱，除作为该列车餐车外，平时可做餐馆经营。

［009］平时客运需求量较小时将客车住房两用集装箱与其所配套钢结构楼梯架模块共同组装成"活动楼房"，其楼梯与集装箱通道门对接构建公共通道，集装箱的水、电管线分别外接公共网管线，这样，该集装箱可作为农民工等的临时公寓及宾馆等设施。该集装箱还可用于安置灾民和作为部队抢险救灾作战演习的临时住房。

[0010] 本发明的有益效果是：将客运与住房两种需求功能合理有效地结合，在国际上首创客车住房两用集装箱系统设计方案，及时有效解决春运及节假日期间因客车运能供不应求造成购车票难，特别是购长途火车票难，但如按春运及节假日期间的客运需求量配置所需客车又造成平时大量客车闲置的难题。由于本设计所利用技术成熟简单，以我国现有技术生产等条件完全能在短期内成功创新研制客车住房两用集装箱系统。

“客车住房两用集装箱设计”发明专利的权利要求书

1. 一种综合客车住房两种功能于一体的集装箱，平时作为住房，春运及节假日等客运需求量大时改为临时客车的系统设计方案，其特征是：利用现有火车平板车和汽车集装箱平板车等装备作为运输平台，按相应尺寸设计、研制类似火车软卧车厢的综合客车住房两种功能于一体的集装箱，春运及节假日期间客运需求量大时将该集装箱装载于火车平板车和汽车集装箱平板车上成为临时客车，平时客运需求量较小时该集装箱则作为农民工等的临时公寓及宾馆等设施，从而有效解决春运及节假日期间因客车供不应求造成购车票难，特别是购长途火车票难，但如按春运及节假日期间的客运需求量配置所需客车又造成平时大量客车闲置的难题。

2. 根据权利要求书1所述的设计方案，其作为火车客车，特征是：加装火车客车车厢之间的连接封闭接口装置，以实现多个该集装箱装载于火车平板车上串联组成临时旅客列车，同时还配置其配套的餐车集装箱，除作为该列车餐车外，平时可做餐馆经营。

3. 根据权利要求书1所述的设计方案，其作为住房，特征是：将客车住房两用集装箱与其所配套钢结构楼梯架模块共同组装成“活动楼房"，其楼梯与集装箱通道门对接构建公共通道，集装箱的水、电管线分别外接公共网管线，这样该集装箱可作为农民工等的临时公寓及宾馆等设施，该集装箱还可用于安置灾民和作为部队抢险救灾作战演习的临时住房。

"运载客车住房两用集装箱的公路客车"实用新型专利的说明书摘要

运载客车住房两用集装箱的公路客车：利用现有汽车集装箱平板车等装备作为运输平台，按标准集装箱尺寸设计、研制类似火车软卧车厢的综合客车住房两种功能于一体的集装箱，春运及节假日期间客运需求量大时将该集装箱装载于汽车集装箱平板车上成为临时公路客车，还可作为旅游客车和家用房车，平时客运需求量较小时该集装箱与所配套钢结构楼梯架模块组装成"活动楼房"，作为农民工等的临时公寓及宾馆等设施，从而有效解决春运及节假日期间因客车供不应求造成购车票难，特别是购长途火车票难，如按春运及节假日期间的客运需求量配置所需客车又会造成平时大量客车闲置的难题，该集装箱还可用于作为临时住房安置灾民等。

"运载客车住房两用集装箱的公路客车"实用新型专利附图

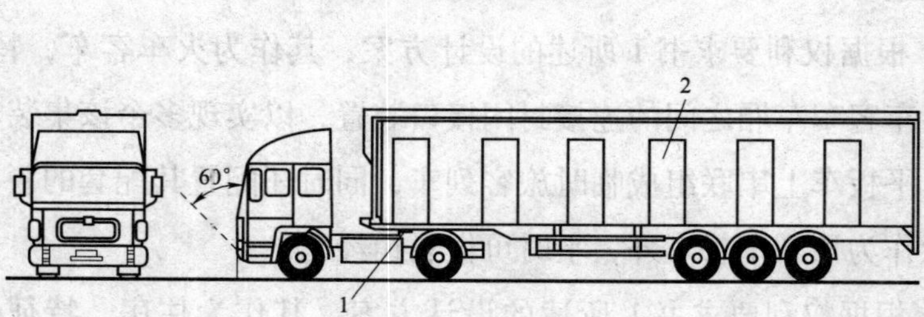

“运载客车住房两用集装箱的公路客车”实用新型专利说明书

“运载客车住房两用集装箱的公路客车”设计方案

所属技术领域

[001] 本发明涉及运载客车住房两用集装箱的公路客车，平时该集装箱作为住房，春运及节假日期间客运需求量大时用公路集装箱平板车运载该集装箱成为临时公路客车。

背景技术

[002] 目前急待解决春运及节假日等客运需求量大时因客车运能供不应求造成购车票难，特别是购长途火车票难，但如按春运及节假日期间的客运需求量配置所需客车又会造成平时大量客车闲置的难题，因此迫切需要创新研制综合客车住房两种功能于一体的集装箱，平时作为住房，春运及节假日期间客运需求量大时用公路集装箱平板车运载该集装箱成为临时公路客车。

发明内容

[003] 为了及时有效解决春运及节假日期间的客运需求量大时因客车运能供不应求造成购车票难，特别是购长途火车票难，但如按春运及节假日期间的客运需求量配置所需客车又会造成平时大量客车闲置的难题，本发明提供了综合客车住房两种功能于一体的集装箱，平时作为住房，春运及节假日期间客运需求量大时用公路集装箱平板车运载该集装箱成为临时公路客车的实用新技术。

[004] 本项发明所采用的实用新技术是：利用现有汽车集装箱平板车等装备作为运输平台，按相应尺寸设计、研制类似火车软卧车厢的综

合客车住房两种功能于一体的集装箱，春运及节假日等客运需求量大时将该集装箱装载于汽车集装箱平板车上成为临时客车；平时客运需求量较小时该集装箱则作为农民工等的临时公寓及宾馆等设施，从而有效解决春运及节假日期间因客车供不应求造成购车票难，特别是购长途火车票难，但如按春运及节假日期间的客运需求量配置所需客车又会造成平时大量客车闲置的难题。

附图说明

[005] 下面结合附图对本发明客车住房两用集装箱系统设计方案作进一步说明。

[006] 附图是运载客车住房两用集装箱的公路客车系统设计方案示意图。图中 1 为汽车集装箱平板车，2 为客车住房两用集装箱。

具体实施方式

[007] 利用现有汽车集装箱平板车等装备作为运输平台，按相应尺寸设计、研制综合客车住房两种功能于一体的集装箱，春运及节假日期间客运需求量大时将该集装箱装载于汽车集装箱平板车上成为临时客车。该集装箱类似火车软卧车厢，设置有卧室、公共卫生间和通道等设施。

[008] 平时客运需求量较小时将客车住房两用集装箱与其所配套的钢结构楼梯架模块共同组装成“活动楼房”，其楼梯与集装箱通道门对接构建公共通道，集装箱的水、电管线分别外接公共网管线。这样，该集装箱可作为农民工等的临时公寓及宾馆等设施，还可用于安置灾民和作为部队抢险救灾作战演习的临时住房等。

[009] 本发明的有益效果是：将客运与住房两种需求功能合理有效地结合，在国际上首创客车住房两用集装箱系统设计方案，及时有效解决春运及节假日期间因客车运能供不应求造成购车票难，特别是购长途

火车票难，但如按春运及节假日期间的客运需求量配置所需客车又会造成平时大量客车闲置的难题。由于本设计所利用技术成熟简单，以我国现有技术生产等条件，完全能在短期内成功创新研制运载客车住房两用集装箱的公路客车。

“运载客车住房两用集装箱的公路客车”
实用新型专利权利要求书

综合客车住房两种功能于一体的运载客车住房两用集装箱的公路客车，平时该集装箱作为住房，春运及节假日期间客运需求量大时用公路集装箱平板车运载该集装箱成为临时公路客车。其特征是：利用现有汽车集装箱平板车等装备作为运输平台，按相应尺寸设计、研制类似火车软卧车厢的综合客车住房两种功能于一体的集装箱，春运及节假日等客运需求量大时将该集装箱装载于汽车集装箱平板车上成为公路集装箱客车，平时客运需求量较小时该集装箱则作为农民工等的临时公寓及宾馆等设施，从而有效解决春运及节假日期间因客车供不应求造成购车票难，特别是购长途火车票难，但如按春运及节假日期间的客运需求量配置所需客车又会造成平时大量客车闲置的难题。

A.2 “巧解高楼救火难的直升机或飞艇吊升高楼火灾救生舱及灭火射水枪设计”发明专利范文

发明专利说明书摘要

利用直升机或飞艇飞到火灾现场安全空域，放下牵引缆绳及吊钩，吊升搭载在所配套的专制消防车上的高楼火灾救生舱及带管线射水吊枪，升空到不受楼高限制所需的位置，利用救生舱抢救遇险人员。在救援的同时实施灭火，射水吊枪通过与高压供水消防车相连，并通过供水软管源源不断喷射高压水流实施灭火，实现及时抢救高楼火灾遇险人员和高楼灭火的目的，有效解决高楼火灾救援灭火这项世界难题。在一个总体设计方案的基础上有下列两项发明方案：方案 1，通过直升机或飞艇定滑轮吊升带管线射水吊枪和救生舱的高楼救援灭火系统设计方案；方案 2，通过直升机或飞艇升降机吊升带管线射水吊枪和救生舱的高楼救援灭火系统设计方案。

发明专利说明书附图

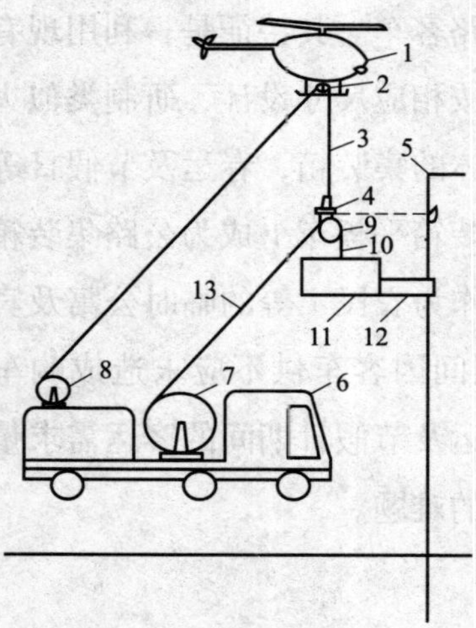

图 1

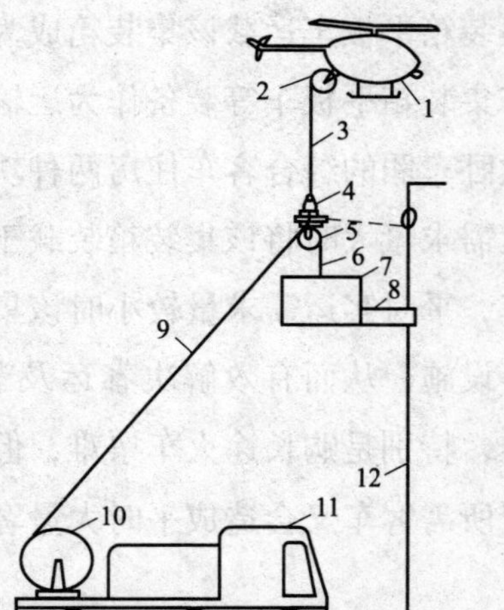

图 2

发明专利的说明书

“直升机或飞艇吊升高楼火灾救生舱及灭火射水枪”设计方案

所属技术领域

[001] 本设计方案涉及利用直升机或飞艇吊升高楼火灾救生舱和带管线射水吊枪及其相连管线，升空到不受楼高限制所需的位置，通过救生舱向外架伸救生天桥，接通高楼火灾楼层，抢救遇险人员和不断喷射高压水流或灭火泡沫扑灭高楼火灾的系统设计方案。

背景技术

[002] 现有高楼救援灭火装备作业高度低于100米，缺乏所需有效的高楼救援灭火装备和手段，上海“11·15”高楼火灾和美国“9·11”高楼火灾事故造成了严重后果，并警示我们：人命关天，以人为本，迫切需要创新研制高楼救援灭火特效装备！

发明内容

[003] 为了解决现有高楼救援灭火装备作业高度低于100米的难题，本设计方案提供了利用直升机或飞艇吊升高楼火灾救生舱和带管线射水吊枪，升空到不受楼高限制所需的位置实施救援灭火的高楼火灾救援灭火系统。本设计方案还可用于山林火灾和非火灾的其他抢险救灾。

[004] 本项发明所采用的总体设计方案是：利用直升机或飞艇飞到火灾现场安全空域，放下牵引缆绳及吊钩，吊升搭载在所配套的专制消防车上的高楼火灾救生舱及带管线射水吊枪，升空到不受楼高限制所需的位置，从救生舱向外架伸救生天桥，接通高楼火灾楼层，遇险人员通过救生天桥至救生舱后，启动救生舱上方的由地面供电和遥控的电动卷

扬升降机，将救生舱下降到地面而成功抢救遇险人员。在救援的同时实施灭火。救生舱卷扬升降机上方的射水吊枪通过与高压供水消防车相连，并通过供水软管源源不断供水或灭火泡沫，从而不断喷射高压水流或灭火泡沫实施灭火。该救生舱及带管线射水吊枪与专制消防车之间还连接有电源及遥控线组合电缆，带管线射水吊枪上装备有监控摄像机，让有关人员可在地面和直升机或飞艇上近距离观察火情实况，操作人员在地面通过有线遥控，在上下左右各方向调整带管线射水吊枪，喷射高压水流或灭火泡沫灭火，实现及时抢救高楼火灾遇险人员和高楼灭火的目的，有效解决高楼火灾救援灭火这项世界难题。在一个总体设计方案的基础上的有下列两种设计方案。

［005］方案 1 是通过直升机或飞艇定滑轮吊升带管线射水吊枪和救生舱的高楼救援灭火系统设计方案：利用装备有外挂定滑轮的直升机或飞艇飞到火灾现场安全空域，先沿外挂定滑轮放下头端为缆绳连接装置的牵引缆绳连接消防车卷扬升降机，然后从定滑轮另一边放下头端为吊钩的牵引缆绳至消防车，并钩住高楼火灾救生舱和带管线射水吊枪，启动消防车卷扬升降机及其牵引缆绳，经直升机或飞艇外挂定滑轮吊升搭载在消防车上的高楼火灾救生舱和带管线射水吊枪，升空到不受楼高限制所需的位置实施救援灭火。

［006］方案 2 是直升机或飞艇升降机吊升带管线射水吊枪和救生舱的高楼救援灭火系统设计方案：利用装备有长达数百米牵引缆绳卷扬升降机的直升机或飞艇飞到火灾现场安全空域，放下牵引缆绳及吊钩，吊升搭载在所配套的消防车上的救生舱和带管线射水吊枪，升空到不受楼高限制所需的位置实施救援灭火。

附图说明

［007］下面结合附图对本发明救援灭火系统作进一步说明。

［008］图1是方案1的说明书附图，即通过直升机或飞艇定滑轮吊升带管线射水吊枪和救生舱的高楼救援灭火系统设计方案示意图。图中，1为直升机，2为外挂定滑轮，3为消防车牵引升降缆绳，4为带管线射水吊枪，5为发生火灾的高楼，6为高压供水消防车，7为供水软管、电源及遥控线组合管线伸缩卷扬机，8为消防车卷扬升降机，9为救生舱电动卷扬升降机，10为救生舱升降缆绳，11为救生舱，12为救生天桥，13为供水软管、电源及遥控线组合管线。

［009］图2是方案2的说明书附图，即直升机或飞艇升降机吊升带管线射水吊枪和救生舱的高楼救援灭火系统设计方案示意图。图中，1为直升机，2为直升机牵引缆绳升降机，3为直升机牵引升降缆绳，4为带管线射水吊枪，5为救生舱电动卷扬升降机，6为救生舱升降缆绳，7为救生舱，8为救生天桥，9为供水软管、电源及遥控线组合管线，10为供水软管、电源及遥控线组合管线伸缩卷扬机，11为高压供水消防车，12为发生火灾的高楼。

具体实施方式

［0010］方案1　直升机1或飞艇飞到火灾现场安全空域，沿外挂定滑轮2两边放下消防车牵引升降缆绳3，消防车牵引升降缆绳的两端分别连接消防车卷扬升降机8和带管线射水吊枪4及救生舱11，启动消防车卷扬升降机8及其牵引升降缆绳3，经直升机或飞艇外挂定滑轮2吊升搭载在消防车上的救生舱11和带管线射水吊枪4，升空到不受楼高限制所需的位置，从救生舱11向外架伸救生天桥12，接通发生火灾的高楼5的火灾楼层，遇险人员通过救生天桥12至救生舱11后，启动救生舱上方的由消防车供电和遥控的救生舱电动卷扬升降机9，将救生舱11下降到地面而成功抢救遇险人员。在救援的同时实施灭火。救生舱电动卷扬升降机9上方的带管线射水吊枪4不断喷射高压水流或灭火泡

沫实施灭火。可自动伸缩的耐火供水软管、电源及遥控线组合管线的两端分别连接带管线射水吊枪4和供水软管、电源及遥控线组合管线伸缩卷扬机7，高压供水消防车6通过供水软管源源不断供水或灭火泡沫实施灭火。带管线射水吊枪4上装备有监控摄像机，有关人员可在地面和直升机或飞艇上近距离观察火情实况，操作人员在地面通过有线遥控，在上下左右各方向调整带管线射水吊枪4喷射高压水流或灭火泡沫灭火，实现持续高空、高压喷水，及时消灭高楼、山林等火灾。本方案设计可直接在现有直升机或飞艇加装外挂定滑轮，并在已研制成功的高压送水达400多米高的超高层建筑消防车等的基础上进一步综合研制，并能在短期内成功创新。方案1，即消防车卷扬升降机通过直升机或飞艇定滑轮吊升带管线射水吊枪和救生舱的高楼救援灭火系统，由于直升机或飞艇加装外挂定滑轮所增加负荷很小，不影响其兼作运输等其他用途。

［0011］方案2　装备直升机牵引缆绳升降机2的直升机1或飞艇飞到火灾现场安全空域，放下直升机牵引升降缆绳3及吊钩，吊升搭载在所配套的消防车上的带管线射水吊枪4和救生舱7，升空到不受楼高限制所需的位置，从救生舱7向外架伸救生天桥8，接通发生火灾的高楼12的火灾楼层，遇险人员通过救生天桥至救生舱后，启动救生舱上方的由消防车供电和遥控的救生舱电动卷扬升降机5，将救生舱下降到地面而成功抢救遇险人员。在救援的同时实施灭火。救生舱电动卷扬升降机5上方的带管线射水吊枪4不断喷射高压水流或灭火泡沫实施灭火。可自动伸缩的耐火供水软管、电源及遥控线组合管线9的两端分别连接带管线射水吊枪4和供水软管、电源及遥控线组合管线伸缩卷扬机10，高压供水消防车11通过供水软管源源不断供水或灭火泡沫实施灭火。带管线射水吊枪4上装有监控摄像机，有关人员可在地面和直升机或飞

艇上近距离观察火情实况，操作人员在地面通过有线遥控，在上下左右各方向调整带管线射水吊枪 4 喷射高压水流或灭火泡沫灭火，实现持续高空、高压喷水，及时消灭高楼、山林等火灾。本方案设计可将现有直升机或飞艇的升降机牵引缆绳长度增加至数百米，还可研制快速加挂直升机或飞艇的牵引缆绳升降机，直升机或飞艇拆下该升降机后可兼作运输工具。以我国现有技术等条件完全能在短期内成功创新研制直升机或飞艇牵引缆绳升降机吊升带管线射水吊枪和救生舱的高楼救援灭火系统。

[0012] 本发明的有益效果是：在国际上首创利用直升机或飞艇外挂定滑轮吊升带管线射水吊枪和救生舱，升空至不受楼高限制所需的位置，实施救援灭火的系统设计方案，能有效解决现有高楼救援灭火装备作业高度低于 100 米的世界难题。

发明专利的权利要求书

1. 一种利用直升机或飞艇吊升救生舱及带管线射水吊枪的高楼火灾救援灭火设计方案，其救援灭火系统的组成部件包括：直升机或飞艇，外挂定滑轮，牵引升降缆绳，带管线射水吊枪，高压供水消防车，供水软管、电源及遥控线组合管线伸缩卷扬机，消防车卷扬升降机，救生舱电动卷扬升降机，救生舱升降缆绳，救生舱，救生天桥，供水软管、电源及遥控线组合管线。其特征是：利用直升机或飞艇吊升高楼火灾救生舱升空到不受楼高限制所需的位置，通过救生舱向外架伸救生天桥，接通高楼火灾楼层，遇险人员通过救生天桥至救生舱后，启动救生舱上方的由消防车供电和遥控的救生舱电动卷扬升降机，将救生舱下降到地面而成功抢救遇险人员。在救援的同时实施灭火。救生舱上方的带管线射水吊枪通过与高压供水消防车相连，并通过供水软管源源不断供水或灭火泡沫，从而不断喷射高压水流或灭火泡沫实施灭火。在一个总体设计方案的基础上有两种方案：方案1，消防车卷扬升降机通过直升机或飞艇外挂定滑轮吊升带管线射水吊枪和救生舱的高楼救援灭火系统设计方法；方案2，直升机或飞艇牵引缆绳升降机吊升带管线射水吊枪和救生舱的高楼救援灭火系统设计方法。

2. 根据权利要求书1所述的设计方案1：消防车卷扬升降机通过直升机或飞艇外挂定滑轮吊升带管线射水吊枪和救生舱的高楼救援灭火系统设计方法。其特征是：利用装备有外挂定滑轮的直升机或飞艇飞到火灾现场安全空域，先沿外挂定滑轮放下头端为缆绳连接装置的牵引缆绳至消防车，并连接消防车卷扬升降机，然后从定滑轮另一边放下头端为吊钩的牵引缆绳至高压供水消防车，并钩住高楼火灾救生舱和带管线射水吊枪，启动消防车卷扬升降机及其牵引缆绳，经直升机或飞艇外挂定滑轮吊升搭载在消防车上的高楼火灾救生舱和带管线射水吊枪，升空到不受楼高限制所需的位置实施救援灭火。

3. 根据权利要求书1所述的设计方案2：直升机或飞艇牵引缆绳升降机吊升带管线射水吊枪和救生舱的高楼救援灭火系统设计方法。其特征是：利用装备有长达数百米牵引缆绳卷扬升降机的直升机或飞艇飞到火灾现场安全空域，放下牵引缆绳及吊钩，吊升搭载在所配套的高压供水消防车上的救生舱和带管线射水吊枪，升空到不受楼高限制所需的位置实施救援灭火。

A.3 “军民两用超大船串联组装海上机动飞机场”发明专利范文

发明专利的说明书摘要

以目前最大油轮长458米、宽80米的船体为基础，设计综合油轮、集装箱货轮和海上机动机场等多功能融为一体的超大船舶，其长约 500 米、宽约 100 米的甲板，作航母时为飞机跑道和停机坪，作商船时为装载集装箱平台。甲板下作航母时为飞机库和乘员生活“集装箱式模块”的空间，作商船时则改为集装箱货舱，船下层为油品货舱。该船在平时作为油品和集装箱混合超大商船运营的同时又具有海上机动机场战略威慑作用，需要时由 2 艘或 3 艘该超大商船串联组装成长约 1 000 米或 1 500 米的海上机动机场，成为供各类飞机自助起降的超大型航空母舰，实现平时、战时两用双赢效果。将航母成本转为商船成本，将“烧钱灶”的航母变成“摇钱树”的商船。

发明专利的附图

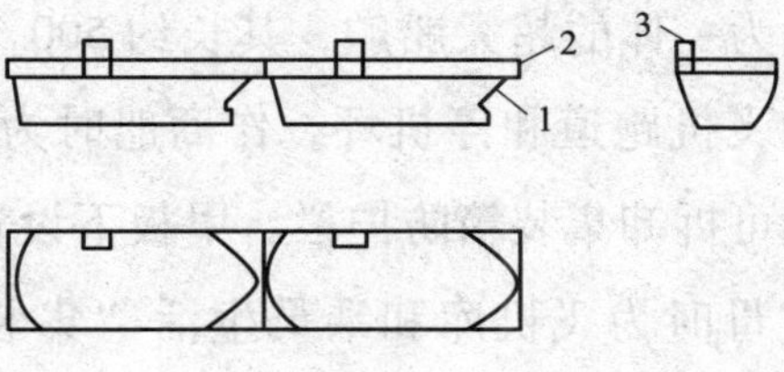

发明专利的说明书

“军民两用超大船串联组装海上
机动飞机场”设计方案

所属技术领域

[001] 本设计涉及一种以目前最大油轮长 458 米、宽 80 米的船体为基础，设计综合油轮、集装箱货轮和海上机动飞机场等多功能融为一体的超大船舶，其长约 500 米、宽约 100 米的甲板，作航母时为飞机跑道和停机坪，作商船时为装载集装箱平台。该船平时可作为油品和集装

箱混合超大商船运营，同时又具有海上机动飞机场战略威慑作用。需要时由2艘或3艘该超大商船串联组装成长约1 000米或1 500米的海上机动飞机场，可供各类飞机自助起降。

背景技术

[002] 目前，我国加强国防急需研制航空母舰，而研制航空母舰需巨额投资，运营维护成本高，因此迫切需要创新研制军民两用超大船组装海上机动飞机场的装备，将航空母舰的巨额投资成本转化为商船有投资回报的成本，将"烧钱灶"的航母变成"摇钱树"的商船。

发明内容

[003] 本发明专利所采用的设计方案是：以目前最大油轮长458米、宽80米的船体为基础，设计综合油轮、集装箱货轮和海上机动飞机场等多功能融为一体的超大船舶，其长约500米、宽约100米的甲板，作航母时为飞机跑道和停机坪，作商船时为装载集装箱平台，并在甲板周边加装可拆卸集装箱防护栏。甲板下设置运油装卸接口及管道等设施，作航母时为飞机库和乘员生活"集装箱式模块"的空间，作商船时则改为集装箱货舱，船下层为油品货舱。作航母时船下层外层为贮水舱，既满足航母编队人员需要又提高其抗击沉能力。驾驶楼按航空母舰方式设在船体侧上部，以预留飞机跑道和安装飞行指挥塔等飞行设施模块空间。该船平时作为油品和集装箱混合超大商船运营，需要时由2艘或3艘该超大商船串联组装成长约1 000米或1 500米的海上机动飞机场。2艘船组装1 000米机场可供歼击、攻击机等战斗机自助起降，3艘船组装1 500米机场可供歼击机、攻击机、轰炸机、预警机、运输机等各类飞机自助起降。船串联连接方式为：在甲板下两船接合部设置若干个类似火车自动挂钩装置的对接装置，两船甲板间隔处铺设桥面板实现飞机跑道无缝连接。因能供各类飞机

自助起降，不需设置航母专用飞机和弹射助起飞、阻拦绳助降落等复杂设备，实现海陆空三军及民航多种飞机通用，可节省大量投资。而且海上机动飞机场的规模和作战威力要远大于现有航空母舰，从而有效解决研制航空母舰需巨额投资，且运营维护成本高造成一般国家难以承受的这项世界难题。

附图说明

[004] 下面结合附图对本发明“军民两用超大船串联组装海上机动飞机场”作进一步说明。

右侧图为船正面示意图，左上图为2艘串联船侧面示意图，左下图为2艘串联船平面示意图。图中，1为船体，2为飞机跑道、停机坪和装载集装箱平台等具有多种用途的甲板平台，3为驾驶楼和飞行指挥塔等。

具体实施方式

[005] 在综合现有航空母舰、超大油轮及集装箱船的技术的基础上研制，船串联连接方式为，在甲板下两船接合部设置若干个类似火车自动挂钩装置的对接装置，两船甲板间隔处铺设桥面板实现飞机跑道无缝连接。驾驶楼按航空母舰方式设在船体侧上部，以预留飞机跑道和安装飞行指挥塔等飞行设施模块空间。该船在平时作为油品和集装箱混合超大商船运营的同时，又具有海上机动机场战略威慑作用，需要时加装飞行模块可及时改装成航母。

[006] 本发明的有益效果是：在国际上首创综合油轮、集装箱货轮和海上机动机场等多功能融为一体的超大船舶的方案，因该超大船舶能供各类飞机自助起降，不需设置航母专用飞机和弹射助起飞、阻拦绳助降落等复杂设备，实现海陆空三军及民航多种飞机通用，可节省大量投资。而且海上机动飞机场的规模和作战威力要远大于现有航空母舰，从

而有效解决研制航空母舰需巨额投资，且运营维护成本高造成一般国家难以承受的这项世界难题。

发明专利的权利要求书

1. 一种在国际上首创综合超大油轮、集装箱货轮和海上机动机场等多功能融为一体的超大船系统设计方案，该船在平时作为油品和集装箱混合超大商船运营的同时，又具有海上机动机场战略威慑作用，其甲板为长约500米，宽约100米的飞机跑道，由2艘或3艘该超大船舶串联组装成长约1 000米或1 500米的海上机动机场，能供各类飞机起降，起到超大型航空母舰的作用，从而实现平时、战时两用双赢效果。

2. 根据权利要求书1所述的军民两用超大船串联组装海上机动机场设计方案，其特征是：在目前最大油轮长458米、宽80米的船体基础上，设计综合油轮、集装箱货轮和海上机动机场等多功能融为一体的超大船舶，其长约500米、宽约100米的甲板，作航母时为飞机跑道和停机坪，作商船时为装载集装箱平台。甲板下设置运油装卸接口及管道设施，作航母时为飞机库和乘员生活"集装箱式模块"的空间，作商船时则改为集装箱货舱，船下层为油品货舱。驾驶楼设在船体侧上部，以预留飞机跑道和安装飞行指挥塔等飞行设施模块空间。

3. 根据权利要求书1所述的军民两用超大船串联组装海上机动机场设计方案，其特征是：船串联连接方式为在甲板下两船接合部设置若干个类似火车自动挂钩装置的对接装置，两船甲板间隔处铺设桥面板实现飞机跑道无缝连接。由2艘或3艘该超大船舶串联组装成飞机跑道，长约1 000米或1 500米，能供各类飞机自助起降，不需设置航母专用飞机和弹射助起飞、阻拦绳助降落等复杂设备，实现海陆空三军及民航多种飞机通用和军民商船航母两用，可节省大量投资，即将航空母舰的巨额成本转为商船有投资回报的成本，将“烧钱灶”的航母变成“摇钱树”的商船。而且海上浮动机场的规模和作战威力要远高于现有航空母舰，从而有效解决研制航空母舰需巨额投资，且运营维护成本高造成一般国家难以承受的这项世界难题。

A.4 “带充气垫和滑翔伞的水陆起降两栖飞机”发明和实用新型专利范文

发明和实用新型专利的摘要

一种在陆基飞机基础上加装水上起降弹性充气垫（简称充气垫）和飞机减速降落多层滑翔伞（简称滑翔伞）的水陆起降两栖飞机，飞机除可用起落架在陆地机场起降外，还可在飞机降落前给飞机下部的充气垫充气和打开飞机上部的滑翔伞让飞机以较低的速度在水上降落。还可用充气垫实现飞机在水上起飞，在飞机升空后通过抽气将充气垫收藏于机内或外挂总成内，让飞机保持较好的流体外形飞行，成为水陆起降两栖飞机。为这种飞机配置带舰载飞机升降机的无跑道航母，这样，飞机可以水面为跑道取代现役航母舰载机实现海上作战目的。在一个总发明构思的基础上有两种发明：

① 充气垫和滑翔伞分别藏于飞机内；

② 在陆基飞机外部分别加装充气垫和滑翔伞外挂总成。

发明和实用新型专利的附图

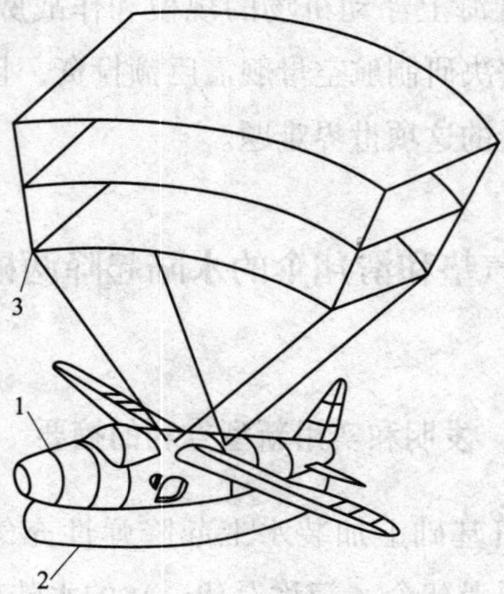

发明和实用新型专利的说明书

“带充气垫和滑翔伞的水陆起降两栖飞机”设计方案

所属技术领域

［001］本设计产品涉及一种在现有陆基飞机基础上分别加装水上起降弹性充气垫（简称充气垫）和飞机减速降落多层滑翔伞（简称滑翔伞）的水陆起降两栖飞机。

背景技术

［002］现有水陆起降两栖飞机都需配备体积庞大的机体和起落架浮箱，飞行阻力大，严重阻碍飞机飞行，造成现有水上飞机的飞行性能远低于陆基飞机。本发明的飞机是在现有陆基飞机的基础上分别加装水上起降弹性充气垫（简称充气垫）和飞机减速降落多层滑翔伞（简称滑翔伞）的水陆起降两栖飞机，在飞机升空后通过气泵抽气将弹性充气

垫收藏于机内或外挂总成内，飞机保持良好的流体外形飞行，其飞行性能与陆基飞机相近，从而有效解决现有水陆起降两栖飞机的飞行性能远低于陆基飞机的难题。

发明内容

[003] 本发明专利所采用的设计方案是：一种在现有陆基飞机基础上分别加装水上起降弹性充气垫（简称充气垫）和飞机减速降落多层滑翔伞（简称滑翔伞）的水陆起降两栖飞机，这种飞机除可利用起落架在陆地机场起降外，还可在飞机降落前用气泵给飞机下部的气垫充气和打开飞机上部的滑翔伞实现飞机以低速在水上降落。还可用充气垫实现飞机在水上起飞，在飞机升空后用气泵抽气，利用充气垫内外气压差所产生的作用力，将充气垫收藏于机内或外挂总成内，让飞机保持良好的流体外形飞行，成为水陆起降两栖飞机。为这种飞机配置无跑道航母，飞机用舰载升降机上下舰。这样，飞机以水面为跑道取代现役航母舰载机实现海上作战和运输，可开创无跑道航母的水陆起降两栖飞机作战编队新模式。在一个总构思的基础上有两种发明：

① 充气垫和滑翔伞藏于飞机内；

② 在现有陆基飞机外部分别加装充气垫和滑翔伞外挂总成。

前者需要对现有陆基飞机进行改造，其飞行性能较好，但成本较高；后者成本较低，卸下外挂总成就可方便转换为陆基飞机，但充气垫和滑翔伞外挂总成会增加飞行阻力，造成飞行性能比前者差些。

附图说明

[004] 下面结合附图对本发明，即带充气垫和滑翔伞的水陆起降两栖飞机作进一步说明。图中，1 为陆基飞机总成，2 为水上起降弹性充气垫（简称充气垫），3 为飞机减速降落多层滑翔伞（简称滑翔伞）。

具体实施方式

[005] 本发明即带充气垫和滑翔伞水陆起降两栖飞机除可利用起落

架在陆地机场起降外，还可在飞机降落前用充气泵给飞机下部的充气垫充气和打开飞机上部的滑翔伞实现飞机以低速在水上降落；还可用充气垫实现飞机在水上起飞，在飞机升空后用气泵抽气，利用充气垫内外压差所产生的作用力，将充气垫收藏于机内或外挂总成内，让飞机保持较好的流体外形飞行，成为水陆起降两栖飞机。在一个总构思的基础上有两种发明：

① 充气垫和滑翔伞藏于飞机内；

② 在现有陆基飞机外部分别加装充气垫和滑翔伞外挂总成。

为这种飞机配置无跑道航母，飞机用舰载升降机上下舰。这样，飞机可以水面为跑道取代现役航母舰载机实现海上作战目的。

[006] 本发明的有益效果是：

1. 与现有的水上飞机相比，本发明的水陆起降两栖飞机可保持较好的流体外形飞行，其飞行性能与陆基飞机相近，从而有效解决现有水陆起降两栖飞机的飞行性能远低于陆基飞机的难题；

2. 本发明的水陆起降两栖飞机以水面为跑道取代现役航母舰载机实现海上作战目的，可开创无跑道航母的水陆起降两栖飞机作战编队新模式，实现陆基飞机经改造或加装外挂件就可成为水陆起降两栖飞机用于海上作战和运输，可节省有跑道航母及其舰载机巨额投资，具有更优越的投资效果。

发明和实用新型专利的权利要求书

1. 一种带充气垫和滑翔伞的水陆起降两栖飞机，由陆基飞机、水上起降弹性充气垫（简称充气垫）和飞机减速降落多层滑翔伞（简称滑翔伞）组成。其特征在于：在现有陆基飞机的基础上分别加装充气垫和滑翔伞，从而改造成水陆起降两栖飞机。除可利用起落架在陆地机场起降外，还可在飞机降落前用充气泵给飞机下部的充气垫充气和打开飞机上部的滑翔伞实现飞机以低速在水上降落；还可用充气垫实现飞机在水上起飞，在飞机升空后用气泵抽气，利用充气垫内外压差所产生的作用力，将充气垫收藏于机内或外挂总成内，让飞机保持较好的流体外形飞行。在一个总构思的基础上有两种发明：

① 充气垫和滑翔伞藏于飞机内；

② 在现有陆基飞机外部分别加装充气垫和滑翔伞外挂总成。

2. 根据权利要求书1所述的发明①，充气垫和滑翔伞藏于飞机内，其特征在于：对现有陆基飞机进行改造，在飞机内安装充气垫和滑翔伞总成，将其改造成为水陆起降两栖飞机。

3. 根据权利要求书1所述的发明②，在现有陆基飞机外部分别加装充气垫和滑翔伞外挂总成，其特征在于：在现有陆基飞机外表上部加装滑翔伞外挂总成，下部加装充气垫外挂总成，将其改装成为水陆起降两栖飞机。

A.5 “多功能组合防盗网安全门晒衣架”实用新型专利范文

实用新型专利说明书摘要

一种多功能组合防盗网安全门晒衣架，该装置不仅能防盗，而且能方便晾晒衣被，遇到灾难时人们还可安全自救逃生。所采用的技术方案是：在防盗网中，能转动90°的安全网门兼晒衣架通过合页和限位斜拉索链与固定防盗网连接，当防盗网安全网门兼晒衣架关门与防盗网处于同一平面时上锁起防盗网作用；当安全网门兼晒衣架开门转动90°时靠限位斜拉索链牵吊呈水平面则成为晾晒衣被网架，并提供安全逃生窗口。住楼房的人们可系上预备保险缆绳后抛出并抓住垂吊安全缆绳下滑自救逃生。本实用新型技术不仅可用于新装防盗网，还可用于已装防盗网改造，达到防盗并方便晾晒衣被及安全逃生的目的。

实用新型专利说明书附图

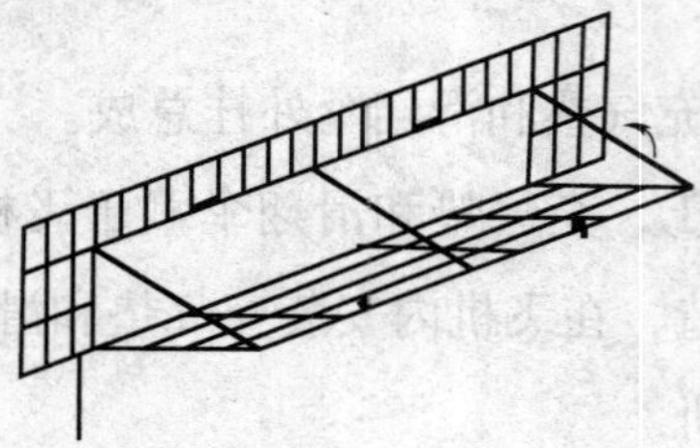

图 1

图 2

实用新型专利说明书

“多功能组合防盗网安全门晒衣架”设计方案

所属技术领域

［001］本实用新型专利涉及一种能够通过阳台窗口防盗网的安全网门兼晒衣架转动 90°实现防盗网、晒衣架及安全通道作用的多功能组合防盗网安全门晒衣架装置，利用该装置能够防盗，并方便晾晒衣被及安全自救逃生。

背景技术

［002］目前，住宅等楼房普遍采用阳台窗口装固定防盗网的方式防盗，由此产生了阻碍晾晒衣被和遇到灾难时人们不能安全自救逃生的问题。有的防盗网虽装有活动门但还需另外加装专用晒衣架解决晒衣问题。

发明内容

[003] 为了克服现有固定防盗网阻碍晾晒衣被和人们安全自救逃生的不足，本实用新型技术提供了一种多功能组合防盗网安全门晒衣架，该装置不仅能防盗，而且方便晾晒衣被及遇到灾难时人们可利用该装置安全自救逃生。下面结合附图对本实用新型技术作进一步说明。

[004] 图1是多功能组合防盗网安全门晒衣架开安全网门实现晒衣功能立体构造图。

[005] 图2是多功能组合防盗网安全门晒衣架关门实现防盗功能立体构造图。

[006] 多功能组合防盗网安全门晒衣架由下列部件组成：可转动安全网门兼晒衣架、固定防盗网、合页、限位斜拉索链、锁扣、安全保险组合缆绳。

[007] 本实用新型技术解决其技术问题所采用的方案是：在防盗网中，能转动90°的安全网门兼晒衣架通过合页和限位斜拉索链与固定防盗网连接，当防盗网安全网门兼晒衣架关门与防盗网处于同一平面时上锁起防盗网作用；当安全网门兼晒衣架开门转动90°时靠限位斜拉索链牵吊呈水平面则成为晾晒衣被网架，并提供安全逃生窗口。住楼房的人们可系上预备保险缆绳后抛出并抓住垂吊安全缆绳下滑自救逃生。本实用新型技术不仅可用于新装防盗网，还可用于已装防盗网改造，达到能够防盗并方便晾晒衣被及安全逃生的目的。

[008] 本实用新型技术的有益效果是：

在保持防盗网防盗功能的同时，方便晾晒衣被和安全自救逃生；在固定防盗网基础上加装可转动安全网门兼晒衣架、合页和限位斜拉索链及锁扣元件即可实现，结构简单，安全、防盗、晒衣功能变换操作方便。

具体实施方式

［009］晒衣状态：可转动安全网门兼晒衣架开门，通过限位斜拉索链牵吊，与固定防盗网呈90°连接，安全网门兼晒衣架呈水平面作为晾晒衣被网架和提供安全逃生窗口，需要时人们可用预备保险缆绳自救逃生。

［010］关门状态：转动安全网门兼晒衣架与固定防盗网处于同一平面共同作为防盗网。

实用新型专利权利要求书

1. 一种多功能组合防盗网安全门晒衣架，由下列部件组成：可转动安全网门兼晒衣架、固定防盗网、合页、限位斜拉索链、锁扣、安全保险组合缆绳。

2. 根据权利要求书1所述的多功能组合防盗网安全门晒衣架，其特征在于：处于晒衣状态时，转动安全网门兼晒衣架开门，通过限位斜拉索链牵吊，与固定防盗网呈90°连接，安全网门兼晒衣架呈水平面作为晒衣被网架和提供安全逃生窗口，需要时人们可用预备保险缆绳自救逃生。

3. 根据权利要求书1所述的多功能组合防盗网安全门晒衣架，其特征在于：处于关门状时，转动安全网门兼晒衣架与固定防盗网处于同一平面共同作为防盗网。

附录B 作者建言献策范文汇编

（供读者创新构思写作参考）

B.1 紧急保留上海世博“热门馆”构建“世博后博览游乐园”

上海世博如此多娇，引七千万人竞排队。盼保留世博“热门馆”，延续世博精彩。中国百年首遇的上海世博会历时短暂半年精彩闭幕，很多游客因排队时间太长等原因未能如愿参观“热门馆”，还有很多原计划游世博的游客因排队人太多令人生畏而放弃观博。本人在排队和与人交谈世博感受时了解到，很多观众对世博都有相见恨短、相见时难别亦难、排队费时、馆将拆除而依依不舍之情，都表示盼望世博闭幕后还能有机会参观“热门馆”。吸引观众火爆排队时间长达数小时甚至十几小时的实际充分证明，这些“热门馆”具备很好的旅游观赏价值和极具市场潜力的经济效益。中国13亿人口和众多国外游客，是市场潜力巨大的“热门馆”客源，可通过利用市场机制保留这些“热门馆”，让中国特别是上海长三角经济区在世博后持续发展，进一步取得巨大的旅游经济效益和寓教于乐的博览教育等社会效益。对占世界人口约五分之一的中国而言，半年世博会期实在是太短了，为此，应根据实际情况，创新探索有中国特色的举办世博的方式，以多种方式进一步努力延续上海世博精彩，让更多数以亿计的天下游客持续享受“长盛不散”的上海世博盛宴，这是实践科学发展观，实现上海世博后长久多赢的大好事。湖南馆已率先拍卖，中国各地也拟抢购上海世博会“热门馆”，但如果分散迁移这些“热门馆”，就不能形成吸引游客的合力，造成效益大大低于集中保留“热门馆”，因此，建议紧急集中保留上海世博会“热门馆”，构建“世博后博览游乐园”，其规划方案如下。

方案1　规划在世博园构建上海“世博后博览游乐园”。

（1）规划构建“浦西世博后博览游乐园区”。其规划范围为浦西世博园E片区望达路以西至D片区蒙自路以东的现有世博园区域，保留中国自建的石油馆、航空馆、汽车馆、太空家园馆、铁路馆、船舶馆、信息通信馆、电网馆、城市足迹馆、上海企业联合馆、民营企业联合馆、万科馆、育乐湾等“热门馆”，这些博览馆是学习各类知识很好的课堂，很值得青少年儿童代代相传持续不断学习。

（2）规划构建“浦东世博后博览游乐园区”。其规划范围为浦东世博园A片区，建议通过与有关国家友好协商，原地保留沙特馆、日本馆、韩国馆、以色列馆等“热门馆”，将德国馆、意大利馆、俄国馆、英国馆、法国馆、西班牙馆、瑞士馆等“热门馆”迁移至本片区，与中国馆等永久性场馆一并共同构建成“浦东世博后博览游乐园区”。

方案2　将上海世博会“热门馆”集中迁移至地铁等交通方便、地价较低的郊区，构建上海“世博后博览游乐园”。

以上两个方案各有利弊。方案1的优点是，所保留大部分馆不用拆迁，方便游客游览，保留馆能继续成为世博园部分景观亮点等；缺点是所占地地价较贵。方案2的优点是，所占地地价较低，能带动附近郊区开发；缺点是游客游览路程相对较远。选哪一种方案有待进一步对比研究后择优选择，特此代表众多民意建议，敬盼尊敬的领导和有关部门科学决策，采纳实施。

B.2 建议广州等沿海城市借鉴上海、东京、新加坡等利用垃圾填海造地

解决广州等沿海城市处理垃圾难题更有效的对策是，学习借鉴上海、东京、新加坡等分类回收处理垃圾填海造地的成功方法和经验，将垃圾分类回收处理与填海造地相结合，通过垃圾分类回收处理将可燃烧垃圾焚烧发电、有回收价值垃圾分别利用和严重污染垃圾特别处理外，剩下的垃圾填海造地，将需占用大量土地的陆地填埋垃圾变成填海造地，增加大量高价值临海黄金宝地。现对垃圾填海造地是否可行问题进行可行性论证。

一、证明利用垃圾填海造地可行的上海、东京、新加坡成功实例

1. 上海利用垃圾填海造地已列为试点推广技术成功实例

根据1991年国家科委社会发展科技司、建设部科技发展司联合公布的《城市垃圾处理技术推广项目》介绍：上海于1989年在北连长江口、南距杭州湾20千米不断淤涨的东海滩涂建成老港垃圾填埋场，已投入使用，并列为试点推广技术项目。

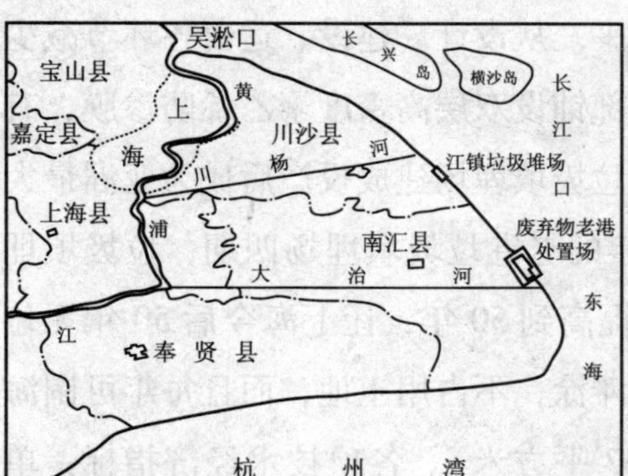

图1 上海老港垃圾填埋场地理位置图

图2 老港生活垃圾填埋场鸟瞰图

上海老港垃圾填埋场是利用长江泥沙不断沉积而逐渐向外淤涨延伸的东海滩涂，经围筑堤坝而成，不占用农田。由于滩涂的淤涨，使该场后备场地资源不断增加，今后不断地围海筑坝，可使其成为上海市垃圾的长久性处置场所，是国内设施较完善、规模最大的生活垃圾填埋场。截至2003年年底，已填埋生活垃圾3 000万吨，日均处置量已达到9 700吨，可消纳上海日产垃圾总量的50%～70%，已完成造地填埋覆盖的面积约5 000亩（333.5万平方米）。老港垃圾处置场已实施了四期工程，一、二、三期工程已封场停止填埋垃圾，在保持南北距离不变的情况下，沿东海滩涂向东延伸800米，面积约为361公顷，大于原来320公顷的填埋场，四期日处理生活垃圾8 000吨左右。这个接轨国际先进技术和管理的卫生填埋区内没有垃圾难闻的臭味，在设计、土地优化、技术含量等方面都达到世界先进水平。从设计、建设、运营各环节减少渗滤液的产生，并通过在填埋区底部铺设双层高密度聚乙烯防渗膜，有序导排处理，避免污染地下水。该垃圾填埋场建成投产后成为亚洲最大的垃圾填埋中心。使用寿命为20年的老港垃圾填埋场四期，垃圾填埋总量可达8 000万吨，使用年限也提高到50年，让上海今后50年无垃圾填埋之忧。垃圾填埋场建在海边滩涂，不占用土地，而且每年可围海集中填埋垃圾造地220亩（146 667平方米）。各项技术经济指标：单位消纳量能耗0.354元/立方米（吨），单位消纳量总成本13.01元/立方米（吨），单位消纳量运行成本7.53元/立方米（吨），单位填埋面积消纳量7.44立方米（吨），填埋压实比35%。本项目专家组评估意见："该项技术利用滨海围地填埋处置城市垃圾，容量大（可消纳上海日产垃圾总量的一半），场地布局与规划设计较合理，可全天候操作。该技术可在沿海同类条件滩涂地区推广应用。"

2. 日本东京利用垃圾填海造地成功实例

东京除广泛开展有价值垃圾回收利用外，将垃圾按可燃垃圾和不可燃垃圾进行分类，分别进行焚烧发电和填海造地。可燃垃圾运往11处焚烧发电厂，焚烧后产生10%的残渣，加上不可燃垃圾和企业自运的工业及建筑垃圾，每天约有11 000吨垃圾运到东京湾填海造地，最远的运输距离达74千米。日本很多土地都是填海形成的，现在日本再申请新的填海工作基本上是被禁止的，但是也有例外，如城市垃圾的填埋。由于垃圾处理的成本很高，所以东京将垃圾和泥沙作为填海造地的主要材料。目前东京湾的垃圾填海工程还在进行。东京湾梦之岛是一个海上垃圾填埋地，这里曾经因为大量倾倒填埋垃圾，而造成了让日本民众难忘的梦之岛苍蝇之灾，现在这里建成了东京最大的垃圾焚烧厂，环保处理技术领先全球。东京最大的垃圾焚烧厂TRP就坐落在梦之岛上，站在它的顶楼举目望去，所看之处都是垃圾填海造就的陆地。右图所示的台场位于东京湾，是日本经济高速成长期"向大海要土地"的一个杰作，整个台场基本是靠垃圾填海建设起来的现代化新城。在这个"垃圾堆"上

除建有著名的富士电视台、日航酒店、AQUA CITY等设施之外，还拥

有各种游览的景观，包括美丽的海滨公园、欧洲情调的商业街、超时代的汽车展览馆、扑朔迷离的音乐殿堂和巨大的空中观缆车等。而连接台场与陆地的东京湾彩虹大桥更是吸引游人眼球。现在，日本的各种海洋环保研究机构在不断进行各种实验，希望能够找到一些填海造地恢复生态环境的好方法，这些实验包括人造海滩、人造海岸、人造海洋植物生存带等。把多种技术结合起来进行实验，现在看起来很有效，各种小鱼、小虾、贝类和海洋微生物已经出现在人造海滩、海岸周围，显示着环境的改善。与此同时，他们不断把研究成果作为环保建议向政府提出供参考。

3. 新加坡利用垃圾填海造地建公园成功实例

1999 年 4 月，随着新加坡本岛最后一个垃圾埋置场被填满和关闭，实马高垃圾埋置场正式开始启用，成为主要用垃圾填埋成的人工岛屿。目前，整个“垃圾岛”面积约 350 公顷，规划填埋总量达 6 300 万立方米。“垃圾岛”位于新加坡本岛以南约 8 千米处，由实马高岛和锡京岛两个小岛相互连接、围海而成。新加坡的生态环境专家当初曾担心建造垃圾岛可能会破坏有关海域的自然生态环境，新加坡政府听取了专家们的意见，在规划、设计、施工、运作等环节皆考虑环保因素。实马高岛和锡京岛相互连接的围堤并不封闭，设预留口，以便海水流动。埋置场规划有 11 个埋置区，区与区之间用围堤隔开，但却以矩形管道相通，海水可自由流通。轮到使用某区埋置垃圾时，可以先封闭水道，然后抽干该区的海水，再进行堆填埋置。在铺设围堤时，用高密度的塑料膜围住岸堤，确保污染不扩散。新加坡政府要求尽可能保留海藻区和珊瑚礁，在各围堤周围还种植了 13.5 公顷的红树林。红树林既可美化环境，又可对海水生态起警示作用。各区还设置了若干深达 30 米的水质观测井，严密监控各种污染迹象。“垃圾岛”上没有垃圾臭味，既不招蝇虫，也不生沼气。填埋高出水面二三米后，就可铺上泥土植树栽果、种花培草。岛上还设有凉亭，可供人们赏花、观鸟、钓鱼、看浪，鸟语花香，赏心悦目。那里天然的和重新种植的红树林，已经开始吸引不少海鸟栖息，其中包括新加坡本岛较少见的巨嘴鹭。

新加坡垃圾填埋岛美景图

实践是检验真理的唯一标准。他山之石，可以攻玉。上述经过实践检验的垃圾填海造地建新城、公园和工厂的成功实例证明：通过垃圾分类回收，将可燃烧垃圾焚烧发电、有回收价值垃圾分别利用和严重污染垃圾特别处理外，剩下的垃圾用于填海造地，其垃圾填埋场用高密度的防渗漏保护膜垫底，围住岸堤，覆盖表面填土压实，在确保污染不扩散的条件下利用垃圾填海造地是可行的。建垃圾焚烧发电厂方案与垃圾填海造地方案相对比，建厂方案存在的缺点是空气污染和消耗大量燃料用于焚烧不可燃垃圾，由此产生的成本较高，且政府对焚烧垃圾补贴高达每吨 140 元；而垃圾填海造地方案具有不产生空气污染和成本及能耗低，符合低碳经济要求并创造高价值临海黄金宝地等优点，其与陆地建厂及填埋方案相比，所增加的成本主要是垃圾水运成本。建议广州南沙垃圾填海造地的位置选在南沙港外南端正在进行填海造地的工地，其水陆运输条件便利，距广州黄埔港约60千米，按货物水运价格每吨公里0.1元计算，每吨垃圾水运成本约6元，比焚烧垃圾成本每吨低130元以上。因此，不能只用焚烧垃圾一种方案，首选方案应为在分类收集处理垃圾的基础上，焚烧可燃垃圾发电，利用可填埋垃圾填海造地的方案。

二、广州垃圾填海造地情况预估

广州垃圾填海造地可置换用地和每年新增用地价值共计约94亿元，足够用于垃圾填海造地。

根据广州市国土资源和房屋管理局、广州市物价局《关于公布广州市国有土地使用权基准地价的通告》（穗国房字〔2010〕55号）规定的土地单价和有关计算参数，计算垃圾填海造地方案可置换建垃圾焚烧厂用地和每日垃圾处理能力为1万吨的陆地垃圾填埋场用地及新增土地的价值。

① 可置换番禺原拟建垃圾焚烧发电厂用地24.345 5万平方米（365亩），其周边300米内无居民污染缓冲用地约96万平方米，这些都是适合房地产开发的黄金宝地，其土地单价为2 626元/平方米，价值约31.6亿元；花都拟建垃圾焚烧发电厂控制用地67.833 9万平方米（1 017亩），其土地单价为666元/平方米，价值4.52亿元。以上两厂用地价值合计约36亿元。

② 可置换垃圾处理能力1万吨/日的陆地垃圾填埋场用地，约700万平方米，其土地单价为666元/平方米，价值约47亿元。

③ 南沙垃圾填海造地每年新增土地价值：按每天1万吨垃圾、平均填埋厚度5米、填埋场中正常压缩垃圾密度典型值0.44吨/立方米计算，每年新增土地约166万平方米，其土地单价为666元/平方米，价值约11亿元，该地为临海黄金宝地，升值潜力巨大。

以上三项土地价值共计约94亿元，足够用于垃圾填海造地。上述土地价值仅是按基准地价计算，而政府通过土地拍卖所得的实际收入要远高于上述土地价值。由此可见，利用垃圾填海造地不仅有很好的社会效益，还有巨大的经济效益。

三、建议通过市场化有偿收购方式将垃圾分类回收处理

1. 可燃烧垃圾

可燃烧垃圾用于焚烧发电，因不用消耗大量燃料用于焚烧不可燃垃圾，可有效降低空气污染和成本。应从电厂所节约的这项成本中提取部分资金用于收购可燃烧垃圾。还可研究能否将分类回收可燃烧垃圾经破碎处理直接送到普通电厂与燃煤一起混合燃烧发电。

2. 有回收资源价值的垃圾

有回收资源价值的垃圾可按市场价有偿收购。

3. 厨余垃圾

厨余垃圾可作为饲料和用于堆肥、沼气发电，应将出售饲料、肥料和沼气发电的部分收入用于收购厨余垃圾，还可将厨余垃圾经破碎处理直接通过厕所下水道送到化粪池作为肥料。

4. 严重污染垃圾

严重污染垃圾量不大，但因分散回收较困难，可考虑由政府出资收购，进行焚烧或安全填埋处理。

5. 可填埋垃圾

上述4类垃圾通过市场化有偿收购方式回收处理，所剩下的垃圾则为可填埋垃圾，主要用于填海造地。

四、设置水陆联运垃圾填海造地运输体系

建立配套垃圾压缩设备的专用港口。利用现有垃圾运输系统将可填埋垃圾送至该港口，经垃圾压缩设备将垃圾压缩成适当密度、尺寸的

"垃圾块"，通过有封闭罩的皮带运输机组装船。研制国际首创的"散货自卸船"，将垃圾等散货装入其横截面呈"W"形的漏斗式船舱，卸货时打开卸货闸门，经船舱漏斗对接位于船舱"W"双底部下方两套有封闭罩的皮带运输机组，将垃圾送至船尾向船外伸出的悬臂卸货口卸货。在垃圾填海造地工地附近设置浮动码头，用其漏斗式仓库承接"散货自卸船"悬臂卸货口所卸垃圾，通过其漏斗下有封闭罩的皮带运输机组送到垃圾填海造地工地。垃圾运输装卸全过程封闭，不会对海洋、江河和陆地产生污染。该"散货自卸船"有效解决了散货船自卸难题，可提高卸船效率，不仅适用于运垃圾，还适用于运煤炭、矿石、建材等散货。目前因国际金融危机，我国造船能力严重过剩，研制适应市场需求的"散货自卸船"不仅可扩大内需和出口外销，还可出售相应的知识产权。

五、结论

综合上述论证结果，利用垃圾填海造地在保护环境等各方面都是可行的，可有效解决广州垃圾处理难题。本项建议不仅适用于解决广州垃圾处理难题，还适用于解决其他沿海大中小城市垃圾处理难题，有很高的推广应用价值。

B.3　解决垃圾难题，建海上垃圾焚烧发电厂可行性论证

解决广州垃圾处理难题的有效对策是在广州附近适当海域建造海上垃圾焚烧发电厂，实现"海阔凭焚烧，天高任烟飞"，从而有效解决垃圾焚烧发电厂因污染造成附近居民反对建厂和如不建厂广州每天一万多吨垃圾势必形成垃圾围城困境等一系列难题。现对建造"海上垃圾焚烧发电厂"可行性进行下列论证。

一、建海上垃圾焚烧发电厂三个方案

方案1 选择适当的无人岛礁或将岛上居民全部移民，建设海上垃圾焚烧发电厂及其配套的港口和水下电缆，以及输油、水管道等设施。

方案2 选择适当的浅海打造人工岛，建设海上垃圾焚烧发电厂及其配套的港口和水下电缆输油、水管道等设施。

方案3 建造浮船式海上垃圾焚烧发电厂及其配套的港口和水下电缆，以及输油、水管道等设施。

上述方案都设置专用垃圾集装箱运输体系，其港口集装箱桥吊将船运来的垃圾集装箱吊装到卸货口后，打开垃圾集装箱活动底板将垃圾卸入漏斗式仓库，并通过漏斗下的皮带运输机组输入焚烧炉，其焚烧灰渣装入卸货的空集装箱，由运垃圾船返程运回陆上处理。垃圾集装箱运输装卸全过程封闭，不会产生污染，所发电经水下电缆输出出售给电网获得收益，所需燃油和用水由水下油、水管道分别供应。与陆地垃圾焚烧发电厂相比，海上垃圾焚烧发电厂还有以下优点：不用征地或征地成本低，因周边无居民可不考虑烟尘排放因素，用最低的成本焚烧垃圾。

二、置换番禺原拟建厂用地价值36亿元足够海上建厂

如建造海上垃圾焚烧发电厂，可置换番禺原拟建垃圾焚烧发电厂用地24.345 5万平方米（365亩），其周边300米内无居民污染缓冲用地约96万平方米，这些都是适合房地产开发的黄金宝地，其土地单价为2 626元/平方米，价值约31.6亿元；花都拟建垃圾焚烧发电厂控制用地67.833 9万平方米（1 017亩），其土地单价为666元/平方米，价值4.52亿元。以上两厂用地价值合计约36亿元。

三、海上建厂所增加的最高垃圾水运成本每吨11.2元

海上建厂与陆地建厂相比，所增加的成本主要是垃圾水运成本。目前货物水运价格为每吨公里0.1元。根据网上卫星地图勘测，广州附近海域适合建厂的最远的荒岛是万山群岛中的荒岛（北纬22°10′，东经113°43′），距广州黄埔港约112千米，因此最远海上建厂所增加的最高垃圾水运成本为每吨11.2元，在可承受成本范围内。

四、建设海岛垃圾焚烧发电厂候选方案

因缺乏广州附近海域水下地质资料，本文暂不论证选择适当浅海打造人工岛建设海上垃圾焚烧发电厂的方案。根据网上卫星地图勘测，广州附近海域适合建设“海岛垃圾焚烧发电厂”的两个候选方案如下。

方案1　在万山群岛中的荒岛（北纬22°10′，东经113°43′）建设“海岛垃圾焚烧发电厂”，该岛距广州黄埔港约112千米，距广州南沙港约52千米，距香港大屿山岛西岸13千米，距香港岛西岸42.6千米，距澳门14千米。本方案的优点是，该岛距香港较远，环保效果好和不需移民；缺点是运输成本高，每吨11.2元。

方案2　在内伶仃岛建设海岛垃圾焚烧发电厂，该岛距广州黄埔港约85千米，广州南沙港约26千米，距香港新界西海岸10.5千米，距深圳蛇口9.5千米。可考虑由粤港联合建厂，供广州、香港、深圳等城市共同焚烧垃圾发电。本方案的优点是，该岛距广州最近，适合建厂，运输成本每吨约8.5元；缺点是该岛有猕猴保护区，且需少量移民。

五、建造浮船式海上垃圾焚烧发电厂候选方案

建造浮船式海上垃圾焚烧发电厂的优点是可选择距广州较近的适当海域焚烧垃圾发电，运输成本和铺设水下电缆及输油、水管道投资均较低；缺点是建厂投资较大。广州附近海域浮船式海上垃圾焚烧发电厂的厂址有以下候选方案。

方案1　距广州南沙港东南10千米处，与周边陆地距离大于10千米，距广州黄埔港约70千米。本方案的优点是距陆地较远；缺点是运输成本相对较高，每吨约7元。

方案2 距广州中船龙穴造船有限公司东面5千米处，距广州黄埔港约53千米。本方案的优点是运输成本低，每吨5.3元；缺点是距周边陆地较近，约5千米。

六、结论

综合上述论证结果，建造海上垃圾焚烧发电厂，在环境保护、资金来源、运营成本、建造条件和工程技术等各个方面都是可行的。浮船式海上垃圾焚烧发电厂还适合若干中小城市联合建造，供巡回分期分别在各城市附近焚烧垃圾发电。因此本项建议不仅适用于解决广州处理垃圾难题，还适用于解决其他沿海大中小城市处理垃圾难题，有很高的推广应用价值。

B.4 现代信息化军民两用预备役军舰设计构想

我国要建设强大的海军，除要打造强大的常备军舰外，还应创新研制现代化军民两用预备役军舰，在平时作为民用商船运营的同时又可保持预备役军舰的战略威慑作用。利用模块化等先进技术，选择性能先进的民用商船作为基础平台，需要时加装信息化陆基及舰载武器、雷达、火控和指挥等模块，从而改装成军舰。将军舰的巨额投资成本转化为商船有投资回报的成本，将“烧钱灶”的军舰变成“摇钱树”的商船！特向尊敬的领导和专家及有关单位报告现代信息化军民两用预备役军舰的设计构想。

一、超大航空母舰

以目前最大油轮长458米、宽80米的船体为基础，设计综合油轮、集装箱货轮和海上机动飞机场等多功能融为一体的超大船舶，其长约500米、宽约100米的甲板作航母时为飞机跑道和停机坪，作商船时为

军民两用超大船串联组装海上机动机场设计方案示意图
单船立体效果图

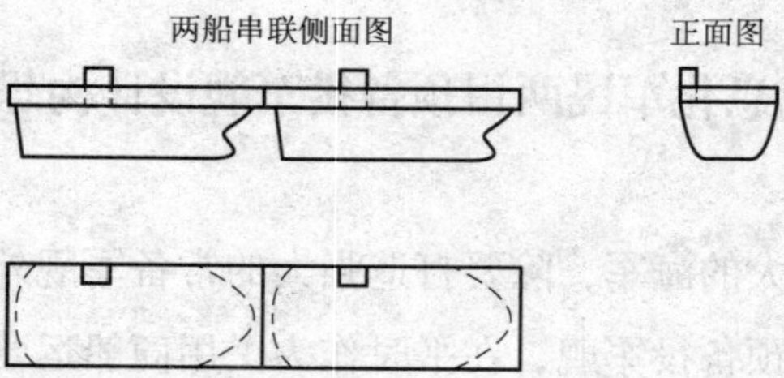

装载集装箱平台。驾驶楼按航空母舰方式设在船体侧上部，以预留飞机跑道和安装飞行指挥塔等飞行设施模块空间。该船平时作商船运营，需要时由2艘或3艘该超大商船串联组装成长约1 000米或1 500米的海上机动飞机场，2艘船组装成1 000米机场可供陆基歼击机、攻击机等战斗机、预警机自助起降，3艘船组装成1 500米机场可供各类陆基飞机自助起降。在平时作为商船运营的同时保持航母战略威慑作用。甲板下除设置运油装卸接口及管道设施外，作航母时为飞机库和乘员生活"集装箱式模块"的空间，作商船时则改为集装箱货舱。船下层为油品货舱，作航母时船下层外层为贮水舱，既满足航母编队人员需要又提高其抗击沉能力。

二、超大导弹武库舰

以数万吨级封闭舱货轮为基础平台，将现代信息化陆基和舰载垂直发射系统，以及海、陆、空各类导弹模块装入封闭货舱，打开舱门即为发射窗口，并将其配套的雷达、火控和指挥等模块也加装到船上改装成超大导弹武库舰。

三、超大巡洋舰

以数万吨级集装箱货轮为基础平台，将现代信息化陆基和舰载，以及海、陆、空等各类导弹发射模块及其配套的雷达、火控和指挥等模块装置在集装箱货轮平台上，从而改装成超大巡洋舰。

四、直升机航空母舰

以数万吨级集装箱货轮为陆基及舰载武装直升机升降平台，并装备其雷达、指挥等模块装置，从而改装成直升机航空母舰。这方面英国和美国的成功经验值得借鉴。

英国在马岛战争中征用集装箱货轮“大西洋运送者”号，并将其改装为直升机航空母舰，拆除了无关设施，加装了维修库、海上补给燃料系统、居住舱室，改装后直升机航空母舰可载13架直升机（其中4架重型“支奴干”、9架轻型“威赛克斯”直升机）和12架“鹞”式垂直起降战斗机。英国人从实践中体会到，集装箱货轮改装为直升机航空母舰较为有利，其上层建筑中的驾驶舱、动力舱、船员舱全部集中在船尾，前甲板和中间甲板长而宽敞，对停放直升机、垂直起降战斗机，并提供它们正常飞行十分有利。后来英国还将滚装集装箱货轮改装为28 000吨级的“百眼巨人”号直升机航空母舰，其巡航速度为15节，续航力达8 000海里，可载6架“海王”直升机，需要时机库内还可停放12架AV－8垂直/短距起降战斗/攻击机。该舰除用于训练外，还可充当两栖指挥、反潜舰使用。

美国编制了"阿拉帕霍"计划：平时预先储备符合战时需要的集装箱，按不同用途放置在仓库里，它们中有机库、武器库、系统舱和指挥舱等。将这些标准集装箱模块的功能设计全部编成技术档案储存在电子计算机的数据库里，一旦需要就可调用和组配，安装到被改装的母舰上。候选船的排水量为20 000～50 000吨级，以大型集装箱货轮为主，还有万吨级滚装船（其舱室空间大，可作为机库使用，上甲板平坦，经加强后可作为停机坪或起/降跑道），改装可在24小时内完成。改装后直升机母舰能搭载直升机执行护航、搜索、救难、反水雷战、两栖战、空中支援、空中补给等多项任务。美国已将1艘18 000吨货船改装为直升机母舰。

五、超大火炮攻击舰

以数万吨级集装箱货轮为基础平台，将现代信息化陆基各类远程火炮及其火控和指挥等模块装置在集装箱货轮平台上，从而改装成超大火炮攻击舰。

六、登陆舰

将各类汽车滚装船和集装箱滚装货轮作相应改装，即成为两栖登陆舰。

本设计构想非常适用于我国这样战区广阔的大国，需要时可将其他战区陆基武器装备加装在民船上用于海战。与现役常规军舰相比，上述现代信息化军民两用预备役军舰具有因吨位大，所载陆基武器装备射程更远、数量更多和攻击及拦截力量更强的优势，其导弹射程更远，可先发制人发射导弹攻击，并弥补民用船目标较大、航速较慢等性能方面的不足。这犹如重量级与轻量级不对称拳击对抗，重量级拳手凭手长力大优势抢在对手靠近前击中对手，可弥补其目标较大灵活性较差的劣势。

过去解放军曾创造在木船上架大炮击沉敌方军舰的成功战例，现在还应探索创造现代信息化军民两用预备役军舰抗击对方军舰及战机的新装备和新战法。随着现代信息化超视距导弹和拦截导弹等武器的不断改进及卫星侦察定位技术水平的不断提高，作为搭载武器平台的船体的航速、钢板厚度及隐身等性能对海战的作用逐渐降低。瑞典等国已生产利用商船船体研制的军舰，具有低价、高效、综合性价比高的优点。而所搭载现代信息化超视距武器的射程、精确度、载弹量和抗饱和攻击对抗能力等已成为决定海战胜负的主要因素，因此研制现代信息化军民两用预备役军舰对于提高海军作战能力大有作用。

B.5　建议粤桂加强联合保护西江水源

我住江之头，君住江之尾。广东广西唇齿相依共饮一江水，我作为西江上游的柳州市民，有责任为共同保护西江水源建言献策。据悉，广州准备投资89.53亿元建设西江引水工程，目前西江水源水质优良的主要原因是西江中上游基本属于不发达地区，工业化程度较低，对西江产生的污染较少，但这种状况不会持久。广西正在开展重点超常规加速建设西江亿吨级黄金水道经济带，而广西西江沿岸产业基础和自然资源条件，决定了必须重点发展和承接沿海发达地区转移的冶金、化工、建材、制糖和造纸等高污染性产业。西江上游龙江镉污染事故和吉林化工厂因事故排毒污染下游用水等事件警示我们：保护好西江水源水质应是当务之急！如不及时采取有效对策，待西江水源出现污染再治理则为时已晚，因此特呈报下列广东广西联合共同保护西江水源的建议。

一、广东广西联合治理西江跨界污染

西江水源保护需要跨界流域治理，流域内联防联治尤为重要。粤

桂应进一步加强合作，共同建立西江跨界流域环境保护合作机制，签订“粤桂西江跨界流域环境保护协议”，将加强西江水源环境保护，确保交界处水质符合相应水环境功能区要求，加强跨界区域的江河综合环保整治工作，加强治理西江重点环保项目作为粤桂合作的重要内容。

二、争取国家支持

争取国家环境保护部组建珠江流域环境保护委员会，统筹规划和监管珠江流域环境保护，重点履行珠江流域沿岸建设项目的环境保护评审把关、监察污染排放及交界处水质符合相应水环境功能区要求等职责，以有效防止因局部利益损害珠江流域环保大局的违法违规事故。

三、合作建设环保项目

广东以 BT 等方式投资建设广西西江环保项目：探索尝试充分发挥广东资金优势投资，由广西各级政府负责偿还债务的 BT 等方式建设西江环保项目，在保证资金安全的前提下加大西江流域环境保护建设力度，从而实现保护西江水源的目的。柳州市作为西江中上游的工业城市，能荣获温家宝总理“山清水秀地干净”赞誉的主要原因是高度重视环保建设。柳江两岸沿岸都建有污水截流处理系统，确保不污染西江。西江流域占广西国土面积的 87%，流经广西 11 个地级市、80 个县，但目前西江中上游能像柳州建有污水截流处理系统的城市屈指可数，绝大部分城镇都还未建污水截流处理系统，污水直接排入西江。有的污水处理厂因管网不配套不能有效处理污水。因此，西江流域环境保护建设任重道远，需要粤桂联合加强西江流域环境保护建设，保护西江水源。

B.6　建议柳州利用闲置铁路运营城市轨道交通和新建并研制悬挂式单轨交通

一、利用闲置铁路运营城市轨道交通

柳州市联合南宁铁路局分期利用闲置铁路运营城市轨道交通，选用类似加拿大渥太华轨道交通每列 3 节车厢内燃机动力车组，直接在已建闲置铁路上运营。渥太华有 100 多万人口，与柳州城市规模相近，因此渥太华这种内燃机动力车组较适合柳州运营城市轨道交通。第一期利用目前运营率很低的柳江县城—柳州火车东站—柳州火车站铁路，在不影响铁路正常运营的前提下运营城市轨道交通；第二期在新湘桂铁路建成通车后，利用柳州火车站—鹿寨县城闲置铁路运营城市轨道交通。两期运营路径：柳江县城—柳州火车东站—柳州火车站（一期）—鹧鸪江—雒容（官塘）—鹿寨县城（二期），并在途中雒容站连接拟规划的柳东新区轻轨线而形成城市轨道交通系统。运营铁路沿途规划建设柳州火车站城轨分站、市中心广场城轨站（广雅铁路立交桥处）等上下客站及利用柳州火车站和柳州火车北站等现有车站作为城市轨道交通上下客和双向会车车站，这样柳州市就能在全国同类城市中率先实现城市轨道交通。

二、如何巧解柳州规划新建及研制轨道交通所面临的难题

柳州规划新建轨道交通及研制轨道交通设备面临的主要难题是：

① 国内现行轨道交通投资较大，每千米造价超过 5 亿元，超过了柳州目前的投资能力；

② 柳州现有城市规模达不到国内现行轨道交通所需客流量，会造成轨道交通运营严重亏损；

③ 目前国内现行轨道交通设备已具备较高研制水平和生产能力，

柳州不适合再重复研制国内现行轨道交通设备。

因此，柳州规划建设轨道交通及研制轨道交通设备的有效对策是：借鉴温州选择造价较低而又较容易尽快实现的悬挂式单轨交通。悬挂式单轨交通的主要优点是造价低（每千米造价不超过1.5亿元，而轻轨每千米造价超过5亿元）、占地少、不影响地面交通、运行安全、环境效应优越、适应性强、施工简便、全天候运营等。悬挂式单轨交通列车在我国可实现每列4节，行车速度每小时50千米，单向线每小时可承运1.5万人次，复合双向线每小时可承运3万人次，适合柳州客运量需求。还可利用柳州产业优势，结合规划建设悬挂式单轨交通引进、吸收、创新其生产技术，在国内抢先研制生产悬挂式单轨交通车辆及其运营系统，抢占极具发展潜力的悬挂式单轨交通市场。我对规划建设并研制柳州城市轨道交通提出下列线路走向建议。

方案1　以柳州火车站为起点，其路线方案为：沿铁路架高架桥—柳江南岸沿江架高架桥—利用驾鹤山北坡作天然“高架桥”—利用蟠龙山南坡作天然“高架桥”—鱼峰区政府北面拟建设河东综合客运枢纽站—已规划预留土地的河东至柳东新区轻轨路线—雒容，换乘利用闲置铁路运营“柳江—柳州—雒容—鹿寨”城市轨道交通。全长约29千

米，造价约43.5亿元。

方案2 调整规划即将搬迁的火车东站改建为城市轨道交通中心站，并作为新城市轨道交通的起点，其路线方案为：沿文笔路架高架桥，绕过鱼峰山，利用马鞍山北坡作天然“高架桥”，利用驾鹤山南坡作天然“高架桥”，利用蟠龙山南坡作天然“高架桥”，鱼峰区政府北面拟建设河东综合客运枢纽站，已规划预留土地的河东至柳东新区轻轨路线—雒容，换乘利用闲置铁路运营的“柳江—柳州—雒容—鹿寨”城市轨道交通。全长约26千米，造价约39亿元。

以上方案可形成柳州城市轨道交通环路系统。其优点是充分利用山坡作天然“高架桥”和利用山体作天然“桥塔”架设大跨度悬索桥或斜拉桥。方案1利用沿江沿山，尽可能减少征地拆迁，降低造价，旧城区路线沿途客源充足，因此是多快好省规划建设柳州城市轨道交通的可行方案。

三、如何实施柳州规划建设轨道交通

学习借鉴香港等地利用轨道交通规划带动轨道交通沿线区域的房地产大幅升值，政府从中得到的增值土地转让收入和运营公司开发房地产的物业增值收益用于建设运营城市轨道交通的先进经验和模式，建议柳州市和南宁铁路局合资成立柳州城市轨道交通开发公司，以市场运作方式投资运营城市轨道交通及综合开发沿途房地产项目，利用轨道交通规划带动轨道交通沿线区域的房地产大幅升值的收益，用于加快规划建设轨道交通。

B.7 建议推进建设平陆运河打通柳州至北部湾黄金水道

2008年国家批准实施《广西北部湾经济区发展规划》，进一步促进了北部湾经济区的发展速度，柳州市建设工业名城如何更好抢抓国家重点发展北部湾经济区这一重大机遇，很重要的一个方面就是改善柳州通往北部湾的交通运输条件。目前，柳州与北部湾虽有铁路和高速公路相通，但铁路运输已经饱和，其未来发展也远远不能适应柳州市工业增长的需求。而公路货运成本太高，不适合运输矿石、煤炭、建材等大宗低值货物。运输成本最低的水路货运，成本约为铁路的70%，仅为公路货运成本的1/20，如能建成拟规划的平陆运河，实现开通柳州至钦州北部湾约500千米的水路运输航道，可显著改善柳州通往北部湾的交通运输条件，使柳州水路运输出海口距离减少约500千米（目前柳州至珠江口出海口距离约1 000千米）。这就为运输适应柳州市工业增长需求的矿石、煤炭、建材等大宗低值货物提供了低成本的运输通道，受铁路运输制约的北方煤炭等货物将可通过海运在北部湾港口转口，经水路低成本运到柳州。这将显著改善柳州因不沿海所造成的运输成本较高这一制约柳州工业发展的最大客观因素，改善柳州市与沿海城市在市场竞争中所处的交通运输条件较差的不利局面，促进柳州更好地发展。

建议市政府组织推进自治区政府尽快规划建设平陆运河，具体着重做好以下几个方面的工作。

① 根据自治区政府桂政发〔2007〕39号文件《广西壮族自治区内河水运发展规划》："根据经济社会发展需要，远景应着手进一步研究开发建设平陆运河、湘桂运河的可能性，力争实现跨水系沟通，完善航道布局。"目前，平陆运河作为远期项目正处于规划前期初步研究阶段，有待于促进自治区政府重视平陆运河项目，力争提前作为北部湾经济区发展的重要项目，布置加快项目前期工作，在做好科学决策的前提下尽快规划建设。

② 组织策划交通、水利等行业共同投资建设平陆运河。平陆运河

项目不仅有很好的交通运输效益，而且还有很好的供水防洪的效益。平陆运河将邕江与钦江沟通连成一体，可将邕江西津水库充足的水源通过运河源源不断地提供给钦州、防城、北海等北部湾沿海城镇，满足北部湾经济区发展对淡水资源日益增长的巨大需求。平陆运河为邕江干流防洪提供新的分流作用，是巨大洪水出海的便捷通道，可显著降低南宁和沿江下游贵港、梧州以至广东的洪水水位，达到西江全流域性防洪效果。因此建议自治区政府综合规划，将相应交通、水利等行业通过本项目产生效益的投资用于共同建设平陆运河。

③ 探索自治区和本项目受益城市联合共同投资建设平陆运河，本项目还可为南宁、贵港、崇左、百色、来宾等城市提供新的水路运输出海便捷通道，也为钦州、防城和北海港口提供新的水路运输疏港通道。因此可调动本项目各受益城市的积极性，联合上述城市共同推进自治区政府加快规划建设平陆运河。可考虑探索由自治区和各共同受益城市共同协商成立股份制的平陆运河业主联合投资融资主体，吸引各方面投资业主共同作为平陆运河业主参与平陆运河建设和以收取过船费和供水收费等方式获取收益。这有助于提高项目投资力度、增加融资渠道和加快项目建设速度。

B.8 规划建设文昌大桥至静兰大桥汽车防洪两用隧道

为进一步适应柳州市改善交通条件和提高防洪能力的迫切需求，建议学习借鉴马来西亚吉隆坡已经成功建成汽车防洪两用隧道（长 6 千米）的先进经验，充分利用柳州市江流曲似九迴肠的得天独厚的自然条件，规划建设文昌大桥南侧至静兰大桥南侧汽车防洪两用隧道（长 4.2 千米）。所谓汽车防洪两用隧道，就是平时作为道路隧道供汽车行驶，待防洪需要时则全部改用为分流泄洪排水隧道，是具有交通和防洪双赢效果的现代化系统工程。如果建成文昌大桥南侧至静兰大桥南侧的汽车防洪两用隧道，则该隧道将成为柳州市东西向道路交通大动脉，并成为沟通城市中心区与阳和工业新区及高速公路最快捷的汽车通道，也可进一步充分发挥文昌大桥和已加宽扩建的静兰大桥的作用，缓解河东区道路交通拥堵。经初步测算，待防洪需要时，直径 11 米双层 4 车道隧道、两端江面 3. 6 米水位落差产生的分流泄洪排水流量当量达 11 118 立方米/秒，相当于 1996 年 7 月 19 日柳江实测最大流量 33 700 立方米/秒的 1/3，从而可有效降低市中心区柳江水位，极大提高柳州市防洪能力。如能抢时间赶在全国首先建成汽车防洪两用隧道现代化系统工程，还具有美化柳州市城市形象和提高其知名度，扩大柳州市建材、钢铁等支柱产品销路，改善柳州市特别是阳和工业新区投资环境，带动相关区域房地产升值和增加就业，以及遇战争时作为超大防空洞等作用，有很好的社会经济效益。本项工程投资初步估算约 16 亿元人民币，在柳州市投资能力范围内，其减灾效益可抵偿投资。目前正是我国扩大内需和掀起交通水利建设新高潮的大好机遇，如能尽快向国家申报立项成为我国建

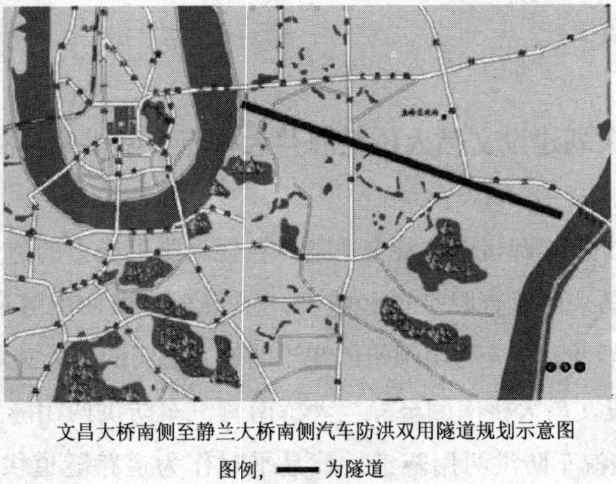

文昌大桥南侧至静兰大桥南侧汽车防洪双用隧道规划示意图

图例，━━ 为隧道

设汽车防洪两用隧道示范项目，可争取国家和自治区交通、水利、城建、人防及科研等多渠道投资补助。敬盼有关领导能尽快科学决策规划建设文昌大桥南侧至静兰大桥南侧汽车防洪两用隧道，争取早日建成这项让柳州人民既享受畅通交通又免受洪灾侵扰的民心民生工程。

B.9 如何结合柳州实际学好苏州

为更好地响应市委市政府学习苏州的号召，柳州要争做“广西苏州”，建议《柳州日报》、《柳州晚报》、《柳州新闻网》、《柳州经济与社会发展研究》等开展“如何结合柳州实际学好苏州”的建言献策专题讨论，通过学习借鉴苏州成功经验并与柳州具体实际相结合，集思广益、群策群力共同探索建设有柳州特色的“广西苏州”成功之路。经考察调研，我对学好苏州提出下列建议。

一、学习苏州工业园区经验规划建好柳州新市区

在“苏州经验”中，苏州工业园的成功最为人称道，也是“苏州经验”的灵魂所在。苏州工业园区经验应是柳州学习的重点，苏州工业园区应成为规划建好柳州新市区的榜样。

苏州工业园区是20世纪90年代初中新合作的标志性项目，也是我国借鉴发达国家城市管理理念和运作经验最为成功的项目之一。从最初的概念规划开始，苏州工业园区就以高起点、高定位进行规划设计，目标不仅是建立国内最好的工业园区，更是建立包括工业、居住、商业等各项城市功能相对完整的苏州东部新城区。站在这个高起点上，苏州工业园区充分借鉴新加坡城市规划的理念和经验，形成着眼于50年发展的整体概念规划，并充分考虑将苏州工业园区作为苏州市的一部分，纳入城市总体规划。苏州工业园区从规划之初，就借鉴成熟的国际经验，为苏州工业园和谐融入苏州城市圈奠定基础。工业园区内功能齐全，布局科学，结构平衡。80 平方千米的中新合作规划区呈矩形，西端紧连苏州古城，东部留有衔接上海、广东发展的空间。各类基础设施均按国际一流标准设计，生产区与生活区既互不干扰又往来便利，并将先进的环保策略纳入规划体系。苏州工业园区名曰"工业园"，看上去又不像工业园。走进园区，人们由衷地发出不是园林胜似园林的感慨。每一个角落绿草茵茵、树木成林；每一处雕塑精致隽永、透射底蕴；每一幢建筑掩映于烟柳、荷塘、桂树、枫林之中。如果把苏州古城喻为"城中园"，那么，具有浓郁园林特色的园区无疑是"园中城"。苏州工业园区开发建设 15 年以来，经济指标年均增长达到了 30% 以上。GDP 和财政收入分别突破千亿元和 200 亿元，在亲商服务、物流通关、科技创新、服务外包、生态环保等多领域创造了"全国第一"。苏州工业园区 1994 年 5 月正式启动，1994 年到 2004 年的第一个十年，苏州工业园区经济实力与开发前 1993 年的苏州市基本相当。十年再造了一个苏州！第二个十年，也就是到 2014 年，园区的经济实力将与 2003 年的苏州市相当，再造出一个新苏州！

对于苏州工业园的腾飞，除了一开始就形成了完整科学的规划体系、建立全新的开发和管理体制及高标准建设基础设施外，引进高质量的投资项目是其成功的关键。据了解，苏州工业园区十多年来累计吸引合同外资 200 多亿美元，实际利用外资百亿美元。目前已有 79 家世界 500 强企业在区内投资了 126 个项目，区内投资上亿美元的项目 100 个。资料显示，苏州已成为世界 500 强在中国投资最集中的地区之一。苏州工业园的成功为各级各类开发区乃至全国各地展现了一条清晰完整、又快又好的科学发展之路。园区在实践中大胆探索，在竞争中寻求主动，在规划开发建设、体制创新等方面积累了宝贵的经验：坚持科学规划，有序推进实施，不断提升开发建设水平。科学超前、先进合理的规划，是促进资源整合、凝聚开发合力、保障开发水平、增强开发区持续竞争力的基础和前提。“规划先行”、“规划即法”是园区取得成功的关键因素，也是最值得推广的园区发展理念之一。

园区开发之初，编制完成具有前瞻性和科学性的总体发展规划，并先后制定300余项专业规划，形成了严密完善的规划体系。所有规划项目严格实行招投标制度，重点区域和重要景观项目规划设计面向全球公开招标。在规划中率先引入“白地”、“灰地”、“弹性绿地”等先进理念，对短期内不明确用途的地块实施弹性控制，有效提高土地开发效益和集约利用水平。借鉴新加坡“需求未到，基础设施先行”的做法，按照“先规划后建设，先地下后地上”的开发建设原则，适度超前建设重要的基础设施，严格按规划功能区域和控制指标整体推进开发，所有重大项目全部进行环境影响评估，所有建设项目全部实行一站式审批，纳入有形市场招投标。中新合作区每平方千米基础设施平均投资强度达到5.6亿元，首期8平方千米建成区平均建筑密度达60%、容积率达1.3，接近新加坡中心城区水平。始终坚持按市场化运作，中新苏州工业园区开发有限公司负责基础设施开发、招商引资、项目管理、咨询服务等事务，开创了政企严格分开、市场运作的开发区建设新模式。

2001年中新股比调整后，按照市场机制积极引入多元化投资主体，借鉴新加坡淡马锡模式，组建了地产、建屋、置地、创投、市政、物流、教投、科发、金融等一批规模大、实力强的国资公司，充分发挥国有国资企业在开发建设中的支撑、示范和引领作用，并引进品牌响、信誉高的大集团、大公司参与园区开发，在共同发展中加快开发建设步伐。苏州工业园区的先进经验和管理体系可概括为：科学、严格的规划建设管理体系；亲商、高效的服务体系；网络化、专业化、战略化、多元化的招商体系；高标准、高起点的环境保护体系；勤政、廉洁的行政管理和服务体系；合理、健全的社会保障体系；配套、优质的人居需求体系；市场化、科学化的人力资源供给和超前、专业的职业技术教育体系；和谐、稳定的劳资政协调体系；监管严密、高效便捷、手段先进的海关监管体系等。

苏州城市建设扩张与柳州有相似之处，苏州是以建设苏州工业园区城市向东扩张为重点，而柳州也是以建设柳东新区城市向东扩张为重点。目前柳东新区发展总体规划正在重新编制阶段，因此柳州有条件和机遇结合柳州具体实际学习借鉴苏州工业园区经验，将柳东新区规划建成包括工业、居住、商业等各项城市功能相对完整的柳州东部新城区。当然，柳州的客观条件与苏州有较大差距，不能完全照搬苏州的做法。但苏州科学规划将工业区与居住区有效结合建设新市区的成功做法是很应该学习借鉴的，其关键是在新市区中只规划低污染、低排放、低噪声的项目和企业。这也正是中央领导李源潮视察柳州所强调的："城市规划就是规划未来，要有先见之明，要给未来发展留足空间，规划好，搬迁少，规划差，搬迁一两轮还解决不了发展问题。规划要有远见，起码要争取50年不用搬迁。"

二、学走昆山之路加快发展县域经济

苏州经济成就很辉煌，作为一个地级市，其经济总量超过了广西等省区，苏州以占全国0.09%的国土面积和0.46%的人口，创造了占全国2.2%的GDP、2.3%的财政收入、9.9%的外贸进出口总额，外商直接投资占全国的8.5%。受国际金融危机影响，国内不少城市外贸出口纷纷受挫，作为一座外贸依存度超过200%的城市，苏州却能逆势上扬。2008年，苏州全市实际到账外资、实现进口额和出口额分别占江苏省总量的37.8%、58.3%和55.3%，分列全国大中城市第2位、第4位和第3位，128家世界500强企业在苏州投资。2008年，苏州高新技术产业产值占规模以上工业总产值的比重达34%，苏州市2009年GDP达7 400亿元，工业总产值2.37万亿元。苏州经济的大头是县域经济，苏州市下属五个县级市合计2009年GDP达5 896亿元，占全市79.67%，工业总产值1.73万亿元，占全市73.1%。

苏州与柳州相比，其强项县域经济正好是柳州的“短腿”，学习昆山之路加快发展县域经济是柳州应向苏州学习的又一重点。苏州曾两度找到飞跃的密码：抢抓改革机遇，实现了“农转工”的跨越；抢抓开放机遇，实现了“内转外”的跨越。昆山和苏州所有的县级市一样，曾经都是传统的农业区。昆山之路在强手林立的竞争大潮中脱颖而出，连连攀登工业化、国际化、城市化、市场化的高平台，勇摘全国百强县桂冠。昆山之路，是昆山人通过努力奋斗，自强不息铸就出来的。它经历了四次转型阶段：第一次转型实现了“农转工”。20世纪80年代初，昆山市充分利用东依上海、西托“三线”的区位优势，广泛开展横向经济联合，大力发展乡镇工业，实现了“农转工”的转型。第二次转型实现了“内转外”。20世纪90年代，昆山抓住上海浦东开发、开放的机遇，发挥昆山经济技术开发区的基础设施优势，扩大招商引资范围，大力发展外向型经济，实现了“内转外”的转型。第三、四次转型实现了“散转聚”和“低转高”。世纪之交，昆山积极调整、优化经济结构，强化产业集聚优势，着力提升产业层次，逐步形成了以IT高新技术产业为主导的经济结构，实现了“散转聚”和“低转高”的转型。昆山之路，不是莽打莽撞之路，昆山成果，也决非偶得巧拾之果。昆山在外来资本开始涌入之时，就以打造产业链为核心谋划“生根战略”；在国际资本集聚之时，就注重加快提高本土经济的配套创新能力；在工业经济迅猛扩张之时，就把服务业的发展提到战略高度；在经济高速增长之时，就率先提出“既要金山银山，又要绿水青山”的生态理念；在产业结构走向以外来加工制造为主之时，就深入研究如何提高当地人民群众经营性收入的问题；在外来人口急剧增长之时，就精心推开塑造“新昆山人形象”的浩大人文工程。

柳州县域经济落后正是柳州经济发展的潜力所在和新的增长点，随着柳州县域交通条件逐步改善，为柳州县域吸引投资承接产业转移创造了有利条件，如何学习苏州将各县土地、资源和人力优势转换为经济优势，学走昆山之路加快发展县域经济显得尤为重要。目前，柳州县域经济整体上处于“农转工”的转型阶段，依托柳州市区和沿海发达地区工业辐射和产业转移，从而奠定工业发展的基础。因地制宜学习借鉴昆山成功经验，探索有本县特色的“柳州昆山”之路。

三、接轨沿海构建沿路沿江经济带

苏州不是临海城市，其成功之处在于一方面主动接轨上海，既抢夺商机又借海港出海和空港升天，另一方面大力建设铁路、高速公路和港口等交通基础设施。苏州高速公路有些互通进出口是由当地政府和企业自费投资建设，其目的就是发展沿路经济。沿路沿江产业布局构建了发达的沿路沿江经济带，为其经济腾飞创造了很好的基础条件。虽然苏州的地理条件比柳州优越，但苏州的成功很值得柳州借鉴。柳州作为内陆城市，与沿海城市相比，在市场竞争中所处的交通运输条件较差，柳州铁路水运低成本运输供给不足是严重制约柳州工业发展的瓶颈。除加快建设通往沿海的铁路和高速公路及港口航道外，建议推进建设平陆运河。

打造柳州市“三圈十带”的综合交通运输新体系和城乡经济发展新格局。建设柳州 1 小时经济圈（1 小时到达来宾、宜州及柳州市五县的以市区为中心的经济圈）、2 小时经济圈（在 2 小时内到达三江、桂林、河池、贵港等地，形成以柳州为中心的经济圈）和3小时经济圈（在3小时内到达梧州、南宁、钦州、北海、防城、玉林、崇左、贺州、百色）。通过柳州综合交通网络，辐射下列10条“经济带”：

① 柳江黄金水道经济带；

②“三江—融安—融水—柳城—柳州”2小时经济带；

③“柳州—鹿寨—阳朔—贺州”3小时经济带；

④ 柳州至北部湾经济区（包含南宁、崇左）3小时经济带；

⑤ 柳州至桂林2小时经济带；

⑥ 柳州至河池2小时经济带；

⑦ 柳州至梧州3小时经济带；

⑧ 柳州至武宣、贵港、玉林3小时经济带；

⑨ 柳州至忻城、巴马、百色3小时经济带；

⑩“鹿寨—柳州—柳江”城市轨道交通沿线经济带。

四、创造条件争取规划建设城市轨道交通

苏州市在“十五”期间启动城市轨道交通工程，前期准备从1997年开始，苏州城市轨道交通按照“统一规划、分步实施”的原则。轨道交通1号线已于2012年4月通车，轨道交通2号线有望于2014年建成通车。苏州是在与目前柳州城市规模相近的条件下，敢为天下先成为国内第一个规划建设城市轨道交通的地级市，建议柳州学习借鉴苏州创造条件争取规划建设城市轨道交通。

五、全方位学习苏州

苏州经验博大精深，值得全方位学习。现针对柳州实际情况建议着重学习以下苏州经验。

1. 张家港精神

“团结拼搏，负重奋进，自加压力，敢于争先”是苏州“三大法宝"之一，也是江苏省"三创"精神的集中体现。张家港市的前身是1962年由常熟、江阴两县各划出的边远地区组建的沙洲县，当时也是苏南地区底子薄、经济基础比较差的县。1992年初，县委、县政府大胆提出了"工业超常熟，外贸超吴江，城建超昆山，项项工作争一流"的三超一争工作新思路。尤其是邓小平同志南方讲话后，张家港人以此为发展契机，抢抓机遇，奋力超越，实现了大开发、大开放、大变化，并十多年保持在全国综合实力百强县（市）的前列。1995年，张家港市成为全国学习的楷模。张家港精神，凝聚了张家港全体干部群众的智慧和才华，促进了张家港的率先发展、科学发展、和谐发展，加快了张家港的发展速度，带来了张家港的整体效应，创造了张家港的惊人奇迹，确立了张家港的过硬品牌，塑造了张家港的美好形象，同时，也为苏州精神增添了丰富的内容。张家港精神，体现了一种在解放思想中创新思想、顺应形势、率先科学发展的时代精神，显示了一种与时俱进、善于开拓奋进的改革精神，反映了一种求真务实、尊重科学的创新精神，折射出一种以民为本、甘于奉献的公仆精神，刻画了一种团结拼搏、齐心创业的团队精神。

2. 创新激励机制

创新发展思路，优化产业结构，抢抓发展机遇，建设服务型政府是支撑苏州持续地科学发展、率先发展的先进理念，并已成为引领中国发展的先导。创新体制机制也是苏州取胜的重要法宝之一。一是实施乡镇合并看收入，不看人口。在实行乡镇合并工作中，江苏省委规定，乡镇人口不达5万人实行合并，苏州市提出上缴税金不达1亿元进行合并。二是乡镇干部实行低职高配等激励机制。苏州市委规定，乡镇收入达5亿元，乡镇书记享受副处级待遇，副处在乡镇工作满十年，并取得优异成绩，享受正处级待遇，退休后配一部汽车，年发15

万元经费。三是公务员工资向基层和乡镇倾斜。苏州市规定，乡镇干部比同职务的县、市级干部工资都高，镇党委书记年收入为30～95万元。四是注重变换村支书的身份。为充分调动村支书带领群众致富的工作积极性，苏州市委规定，村支书收入达50万以上，解决事业编制，上缴利税达1 000万元以上，解决行政编制，并提升为镇党委副书记。一切激励措施的实施，充分调动了各级干部创业、创新、创优工作的积极性。

3. 敲门式招商

与国内许多地方搞全民招商、人海战术不同，苏州提高针对性，广泛搜集客商产业或项目转移的信息，分清其项目性质、投资意向、投资领域、投资时机等，分阶段与客商保持联系，及时提供政策意向及投资条件分析。待时机成熟，多批次派小分队主动“上门敲砖”，以诚感商。这种工作重心前移、针对性强的招商办法与技巧，使招商成效斐然。苏州不仅对招商引资进行了全面发动和动员，实际招商过程中，对利用外资项目通常采用边批边建、先建后批的方式供地，这无疑解决了大问题，给投资者留下了良好印象。苏州人在招商引资上有股韧性，有种不拿下不罢休的精神。据介绍，苏州与上海曾就德国著名芯片厂商英飞凌项目有过一番争夺。得知项目负责人要回德国开董事会的消息后，苏州方面就事先将土地证、批准证书、营业执照做好，派人跟到德国，等在会场的外面，随时回答德方提出的有关问题。最终，这个项目落户苏州。

4. 统筹发展教育

苏州统筹发展基础教育、职业教育、高等教育、成人教育、农村教育，开展中外合作办学试点，探索“工厂式”、“实训式”职业教学模式，初步形成了较为完善的现代化教育体系。教育绝不能为了分数而忽视对学生综合素质的培养，这不符合人的成才规律，更不符合教育的规律。从现实情况来看，很多学校为了分数和升学率，校长、教师背负压力，又把压力转移到学生身上，结果是教师累、学生疲、校园死气沉沉。这样的状况必须改变，唯一的出路就是下决心实施素质教育。那么，课堂教学该如何求变？校长教师该怎样应对？如何为那些学业成绩不好的学生提供成才的机会？学校还要不要升学率？从2007年开始，苏州市潜心探索这些教育改革中的老问题，也是推进素质教育过程中不得不面对的难题。素质教育的"苏州经验"在全国引起了关注。

5. *城乡统筹发展机制*

苏州在城乡统筹发展和推进城乡一体化过程当中，注意探索建立三次产业协调发展的机制，注重加强农业的深度开发，注重不断创新农业的经营方式。注重建立城乡就业统筹机制，城乡一体化必须以增加农民的就业为支撑、为导向。注重逐步建立城乡统一的社会保障制度。注重建立城乡改革协同推进的机制。建立了一个县域经济、小城镇和新农村协调发展的机制，努力实践城镇化和新农村建设的"双轮驱动"。注重建立城乡规划的统筹机制。注重建立城乡资源一体化的配置机制，推动资源配置向农村倾斜。注重建立农民市民化的机制，切实大力提高人口城镇化的水平。注重探索建立有农民参与的新的农村议事机制。注重探索城乡环境治理、公共服务共同推进的机制。

苏州的成功已吸引全国各地争相学习借鉴其经验，如何结合柳州实际学好苏州，确是目前柳州值得认真深入调查研究的问题。

B.10 音乐舞蹈史诗《柳州赞歌》的创意

一、概况

借鉴音乐舞蹈史诗《东方红》、《中国革命之歌》、《复兴之路》，大胆创新策划将柳州《刘三姐》、《八桂大歌》等已成功的山歌、对歌等艺术表现方式，应用于音乐舞蹈史诗《柳州赞歌》。以柳州解放为时间起点，以歌颂柳州发展为主线，通过“柳州发展历程”、“柳州辉煌成就”、“柳州未来展望”三大板块，将柳州山歌、对歌等艺术特色，以及音乐舞蹈与现代多媒体影像舞台背景进行巧妙结合，以综合舞台音乐、舞蹈、影像艺术，表现柳州解放后的发展历程、辉煌成就及未来展望。把各个时期具有代表性的音乐、舞蹈和新创作的音乐、舞蹈贯穿起来，艺术地展现柳州过去、现在和未来的生活、工作、建设场景，使观众从中受到教育、感染和鼓舞的同时又具有娱乐观赏价值。

全剧组成：

序幕 柳州解放；

第1场 柳州发展历程；

第2场 柳州辉煌成就；

第3场 柳州未来展望。

二、序幕：柳州解放

以歌舞艺术展现柳州解放。人民喜迎解放军，从此开创柳州新天地。舞台背景展现柳州当时的影像，也体现柳州今昔对比的巨变。

借用毛泽东诗词《人民解放军占领南京》改编歌曲《柳州解放》歌词：鹅山风雨起苍黄，解放大军过柳江。江曲龙城今胜昔，天翻地覆慨而慷。宜将开创新天地，团结众智造柳州。天若有情天亦老，柳州正道是沧桑。

柳州群众唱山歌庆解放的部分歌词：打破樊笼飞彩凤，挣断枷锁走蛟龙；放声歌唱共产党，句句赞毛泽东。穷人跟着共产党，挑担好比马蹄扬；插秧快过鸡叮米，力量滚滚赛柳江……

三、第1场：柳州发展历程

以歌舞艺术地展现柳州各个时期各方面的发展历程，舞台背景展现柳州当时的影像，体现柳州各个时期的变化过程。

柳州群众唱山歌歌颂发展历程的部分歌词如下。

柳州本是山歌窝，男女老少爱唱歌；鱼峰山下搭歌台，唱得百花朵朵开。老少齐唱前进曲，龙城歌声四海飘；农民土改分得地，山乐水乐人更乐。工业建设掀高潮，广大工人干劲高；坚决奋战不松劲，完成任务勇夺标。柳钢何时首炉钢？柳江一桥何时建？柳江牌车何时造？五菱首车何时造……柳州工业发展快，汽车开进东南亚；西船快艇到伊朗，钢材出口到各国，五菱建厂到印度……

总设计师邓小平，了解民心懂民情；提出小康合民意，甘露润泽久旱心。好比彩带飘过来，公路弯弯绕山崖；搞活流通五彩路，进山出山发大财。要想捉鱼就下海，要想发财人要勤；乡镇企业办得好，有钱有粮笑盈盈。改革带来新面貌，记者进村来拍照，胶卷用了几大捆，手提不动用肩挑。党的政策不偏向，稳过水泥钢筋墙；元宵汤圆放心煮，大胆致富奔小康。

巍巍大树众手栽，曲曲山歌众口开；龙城年年新形象，创了效益出人才。燕子高飞靠翅膀，蜜蜂采蜜靠花开；架设大桥靠支柱，幸福种子靠党栽。希望工程及时雨，不让学童失希望；造好校园好园丁，幼苗茁壮天天长。山歌越唱越开怀，引得嘉宾八方来；山清水秀人和好，筑巢引凤共发财。文化交流互取长，振兴经济靠相帮；民歌唱出民心意，科学发展幸福长。山歌越唱越开怀，泉水越舀越有来；歌声好比柳江水，前浪推去后浪开……

四、第2场：柳州辉煌成就

以歌舞艺术与影像舞台背景进行巧妙结合展现柳州当前的辉煌成就。

柳州群众唱山歌，歌颂辉煌成就的部分歌词如下。

柳州如今大变样，经济建设几辉煌；江面桥梁座座起，条条道路通小康。开车爱驾柳州车，唱歌爱含“金嗓子”；刷牙专选“两面针”，柳州名牌天下传。什么瀑布立江边？什么喷泉江中喷？什么舞台在水上？什么长街埋地下？蟠龙瀑布立江边，柳江喷泉江中喷；柳州舞台在水上，龙城商街埋地下。柳州产值多少亿？柳州汽车产几多？柳钢年产钢多少？柳江上有几座桥？

柳州如今成歌海，山歌美名天下传。海水滚滚流不尽，山歌永远唱不完。先进文化到农户，新风新貌绘新图；奶姥也跳国际舞，你讲她老她不服。如今青年谈恋爱，不忘幸福党带来；家里楼房起得好，还有汽车穿名牌。现在结婚几得意，三转一响太低档，电脑电视还不算，还得汽车配新娘。改革开放面貌变，青年结婚心几甜；煮饭用上煤气灶，开关“响嘀”火就燃。进到农家人人爱，农民生活好起来；斜起眼睛望家主，奶姥还穿高跟鞋。

“柳州新八景”如下。

[彩泉清] 彩泉清韵夺天工，喷洒姿态各不同；游人漫步来观看，置身如在水晶宫。

[柳堤环翠] 柳堤环翠柳如烟，婀娜多姿舞蹁迁；诗情画意染柳江，柳堤今朝换新装。

[都乐晨光] 都乐晨光鸡唱歌，歌声驱散鬼妖魔；雄鸡一唱天下白，唤来世间人都乐。

[龙潭毓秀] 龙潭毓秀景色新，园中卧虎隐山林；美女梳头来照镜，阿妹常做镜中人。

[旋宫星海] 旋宫星海指天空，直上云天达九重；王母召开蟠桃会，不选瑶池选旋宫。

[玉带飞虹] 玉带飞虹跨柳江，柳江两岸胜天堂；青年男女桥上走；如同织女会牛郎。

[雀山霞蔚] 雀山霞蔚美如花，雀儿山间披彩霞。山下钢花日夜喷，辉煌灿烂竞繁华。

[白莲古洞] 人类繁衍到如今，水有源头树有根；古莲古洞留遗址，选作八景意义深。

五、第3场：柳州未来展望

大胆创新在音乐舞蹈史诗中展现柳州美好未来的内容，以歌舞艺术与影像舞台背景巧妙结合展现柳州，规划未来美景。

柳州群众唱山歌展望柳州美好未来的部分歌词：什么铁路跑公交？什么山上架电梯？什么飞机救楼火？什么船变飞机场？柳鹿铁路跑公交，马鞍山上架电梯；直升机救高楼火，大船串联成机场。柳州三年多少亿？汽车新城在何处？广西苏州在哪里？谁是西江龙头城？柳州三年四千亿，汽车新城在柳东；广西苏州在柳州，柳州西江龙头城……

注：上述歌词部分为作者原创，部分摘自《鱼峰歌典》。

参考文献

[1] 胡群智，王燕. 新加坡垃圾填埋岛美如景区 焚烧厂是政府机构.（2010－01－27）. http://news. dayoo. com/guangzhou/201001/27/73437_11881489_3. htm.

[2] 调查：垃圾处理，我们能向日本学习什么？（2010－01－11）. http://news. ycwb. com/2010－01/11/content_2396984_3. htm

[3] 尹鸿伟. 日本填海的历史教训.（2006－08－21）. http://news. sina. com. cn/c/2006－08－21/174110786916. shtml.

[4] 垃圾填海的经典：东京台场.（2007－01－28）. http://blog. sina. com. cn/s/blog_4b5cdd93010008wy. html.

[5] 王忠田，李娜，罗中云. 新加坡垃圾岛成旅游胜地.（2005－08－03）. http://bjyouth. ynet. com/article. jsp? oid＝6011557&pageno＝1.

[6] 陈欣. 数亿巨资填海新加坡用垃圾造出旅游岛. （2005－11－08）. http://abroad. 163. com/05/1108/09/221D146U00271IH9. html.

[7] 宋小莊. 鸟语花香垃圾岛.（2005－11－09）. http://paper. wenweipo. com/2005/11/09/PL0511090007. htm.

[8] 少一点垃圾生活更美好 上海废弃物回收利用一瞥.（2007－11－08）. http://news. qq. com/a/20071108/000683. htm.

[9] 奚宁宇. 上海老港垃圾填埋场是如何做到化害为利的?（2007－08－16）. http://env. people. com. cn/GB/6120267. html.

[10] 借鉴新理念新经验 谋求转型跨越发展.（2010－09－03）. http://www. jconline. cn/Contents/Channel_2771/2010/0903/395246/content_395246. htm.